# BIG
# KANGAROO
# COLORING BOOK FOR
# KIDS

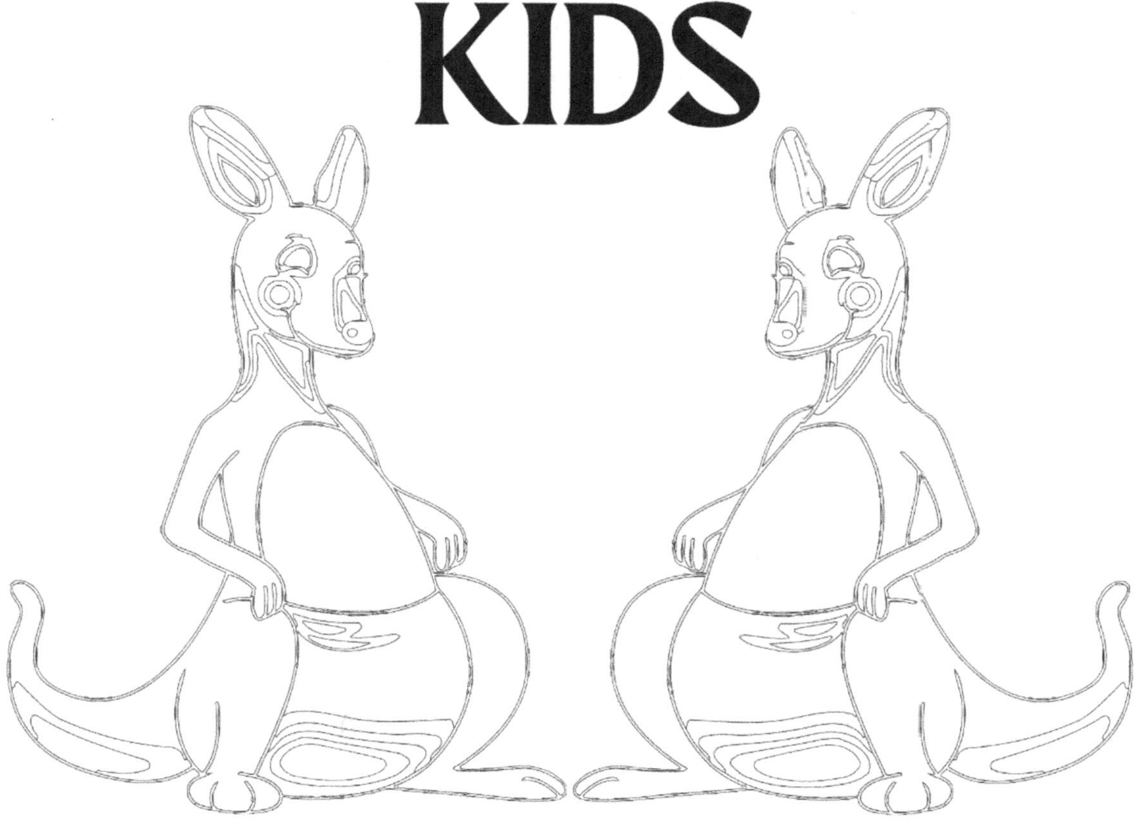

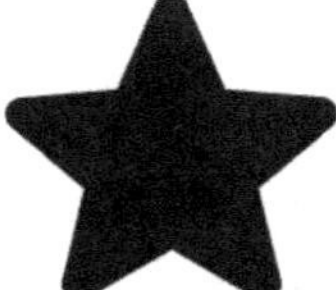 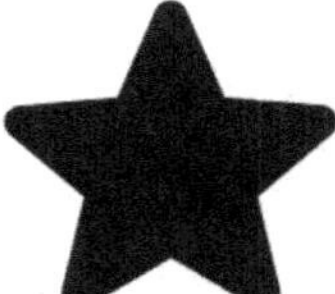

# This Book Belongs To

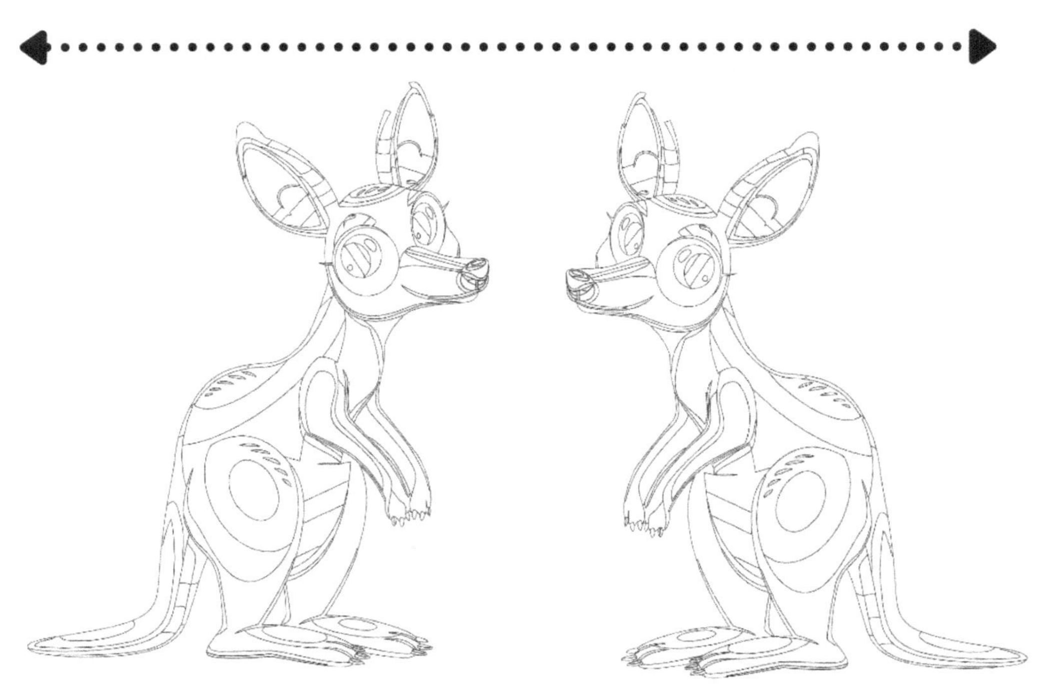

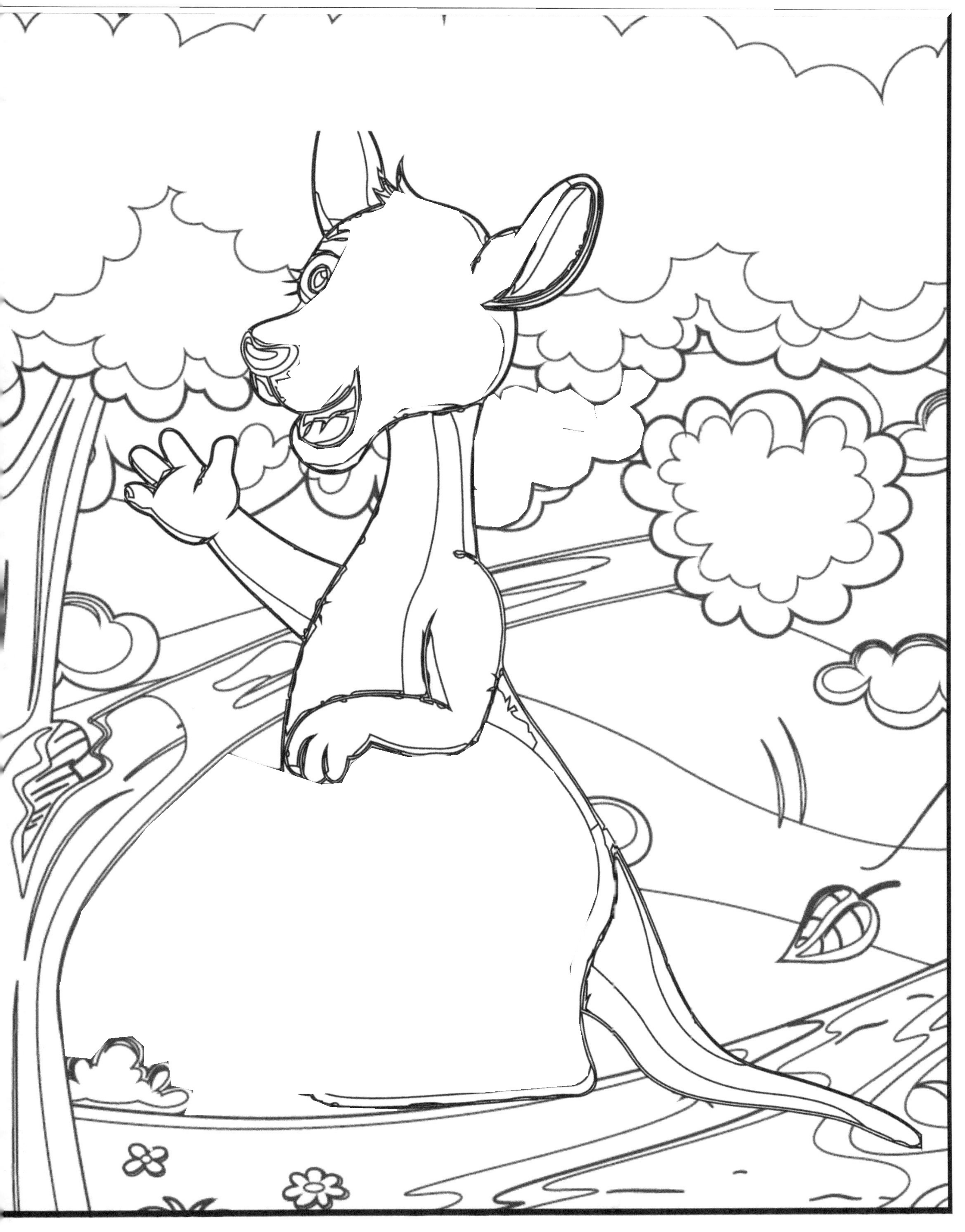

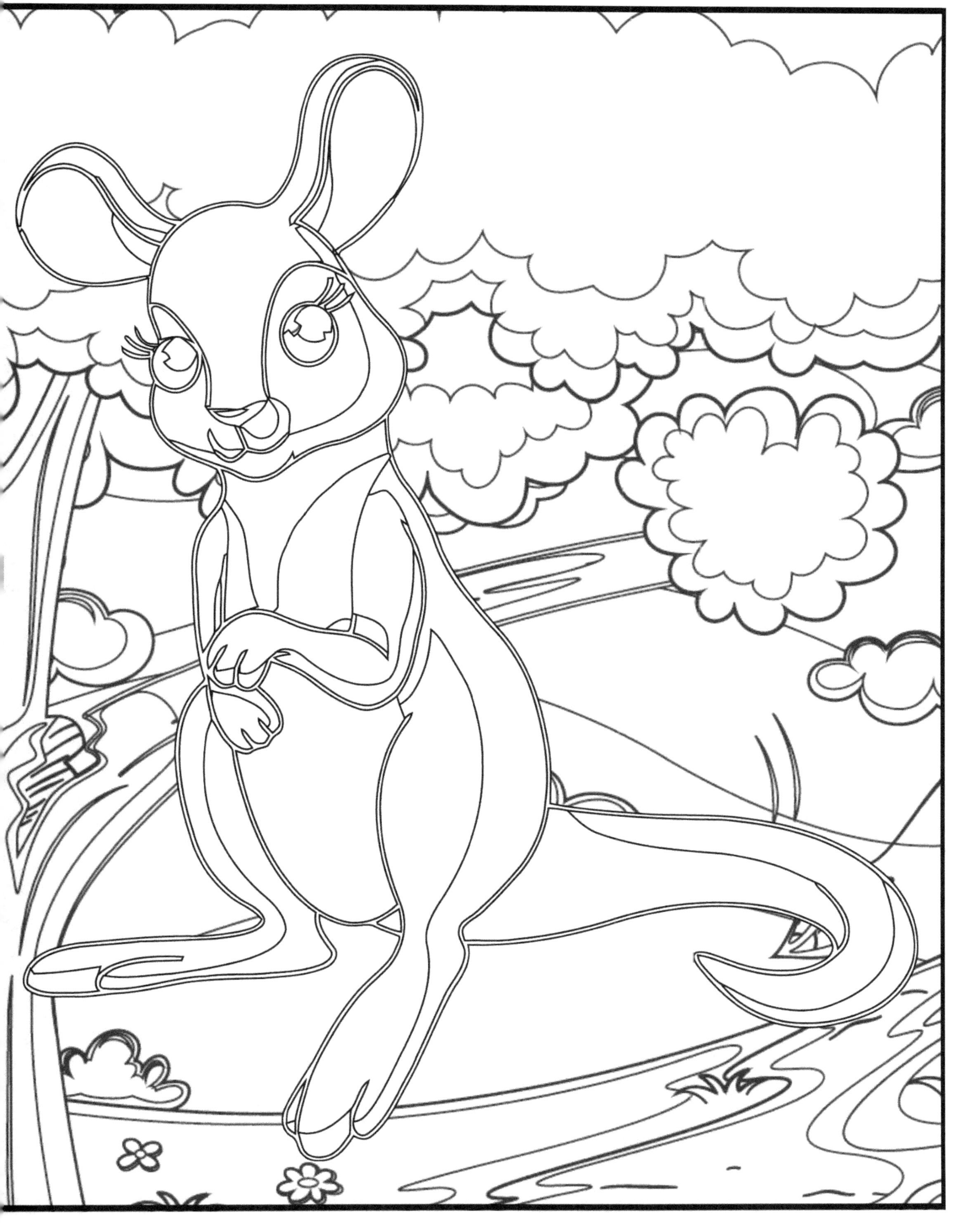

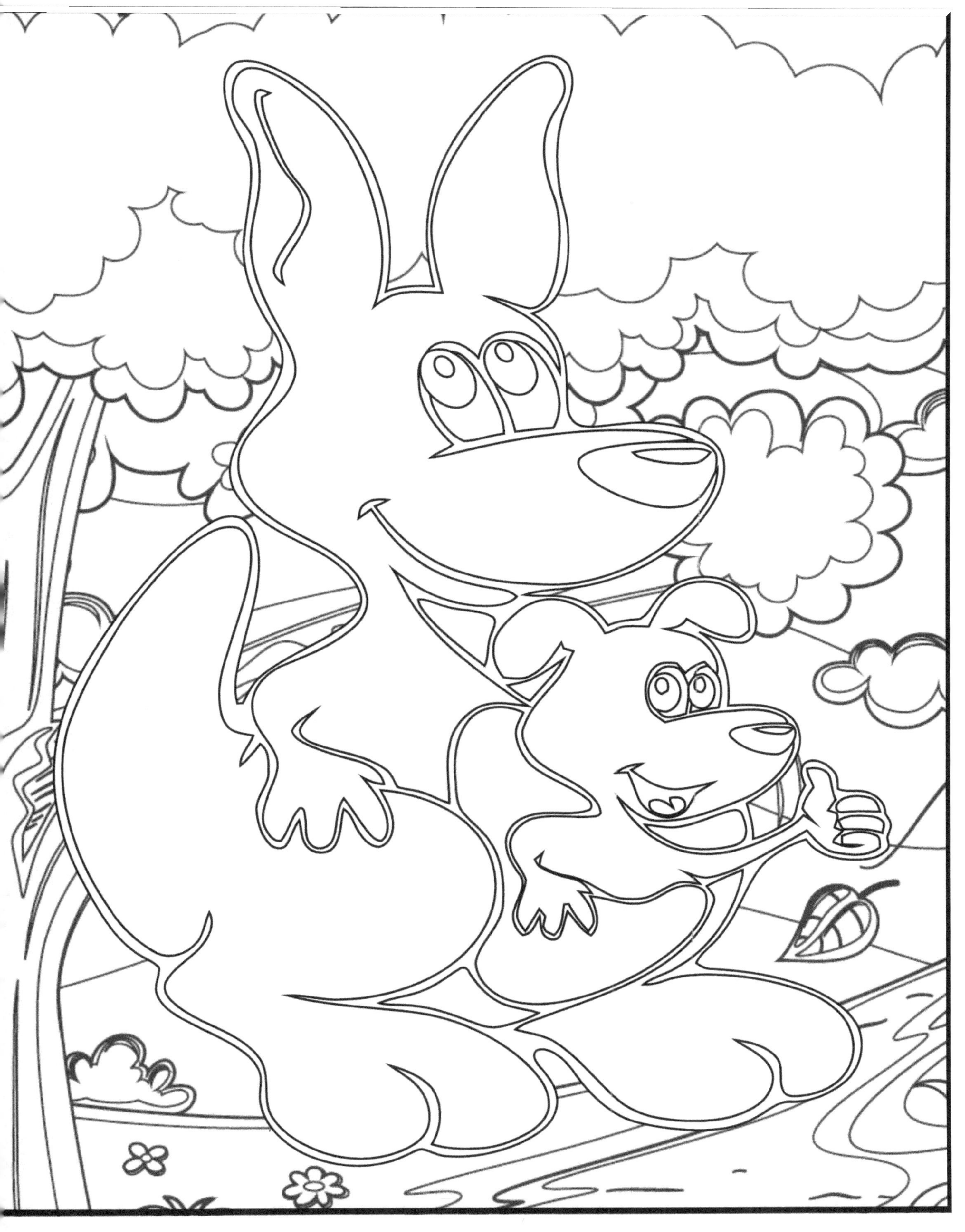

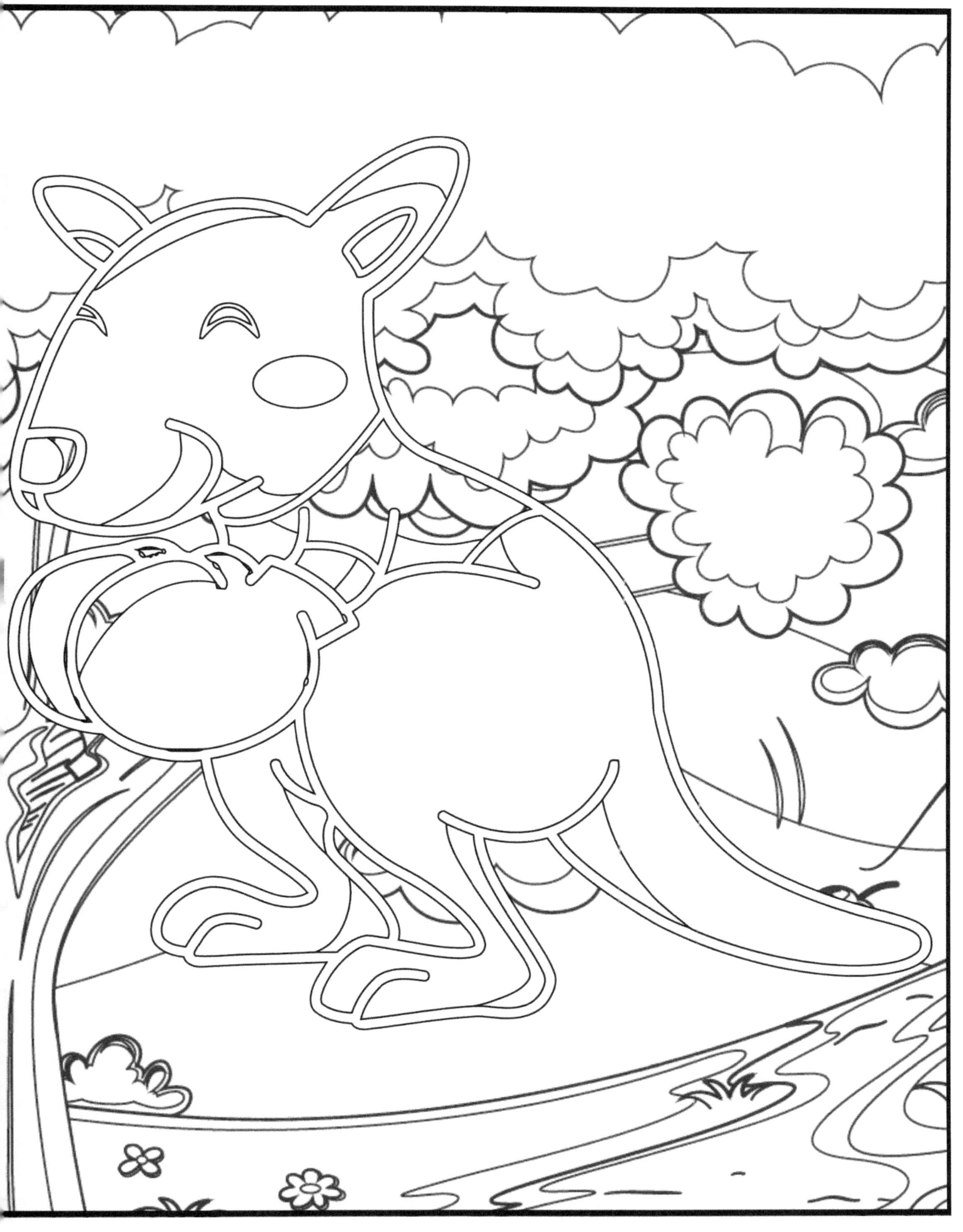

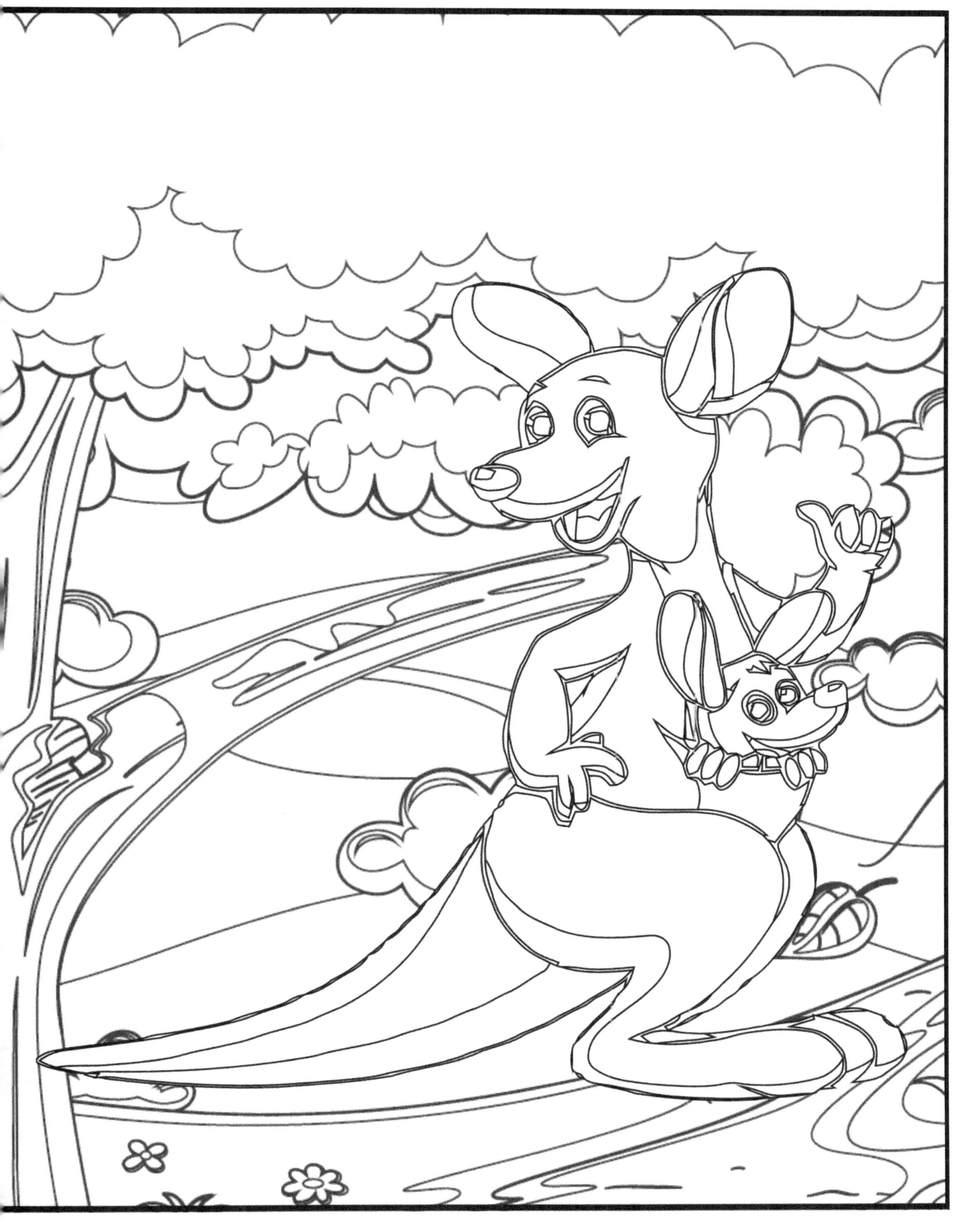

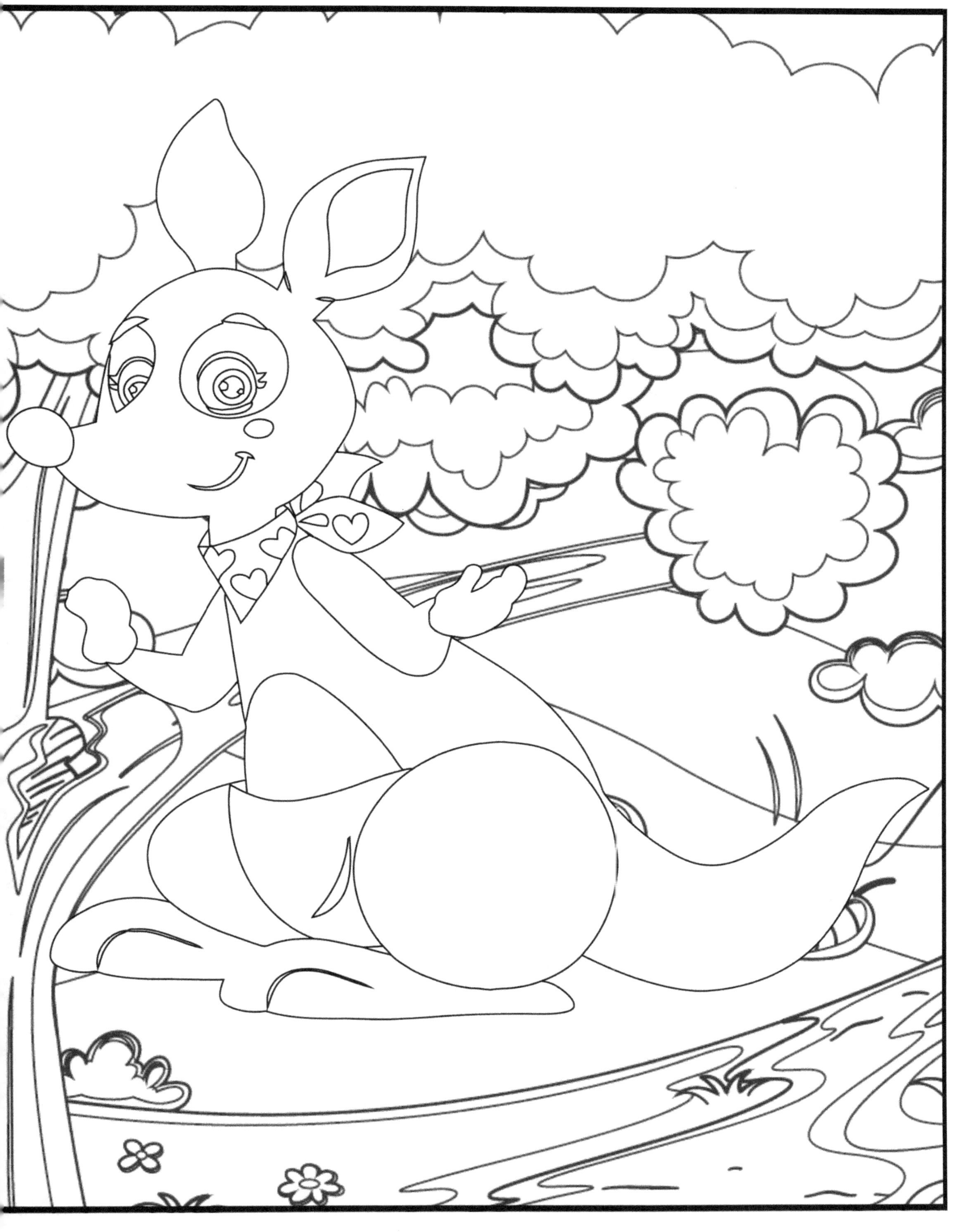

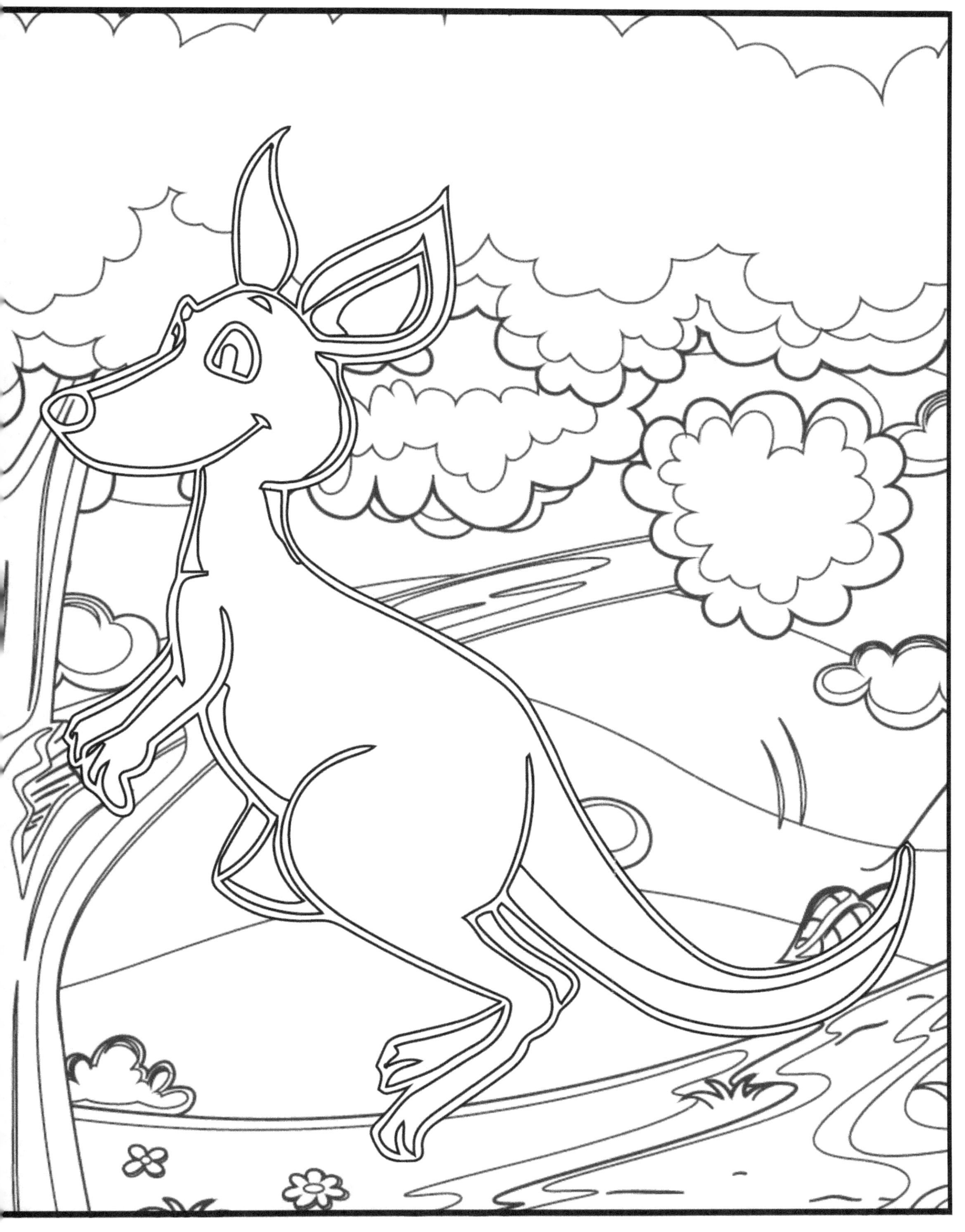

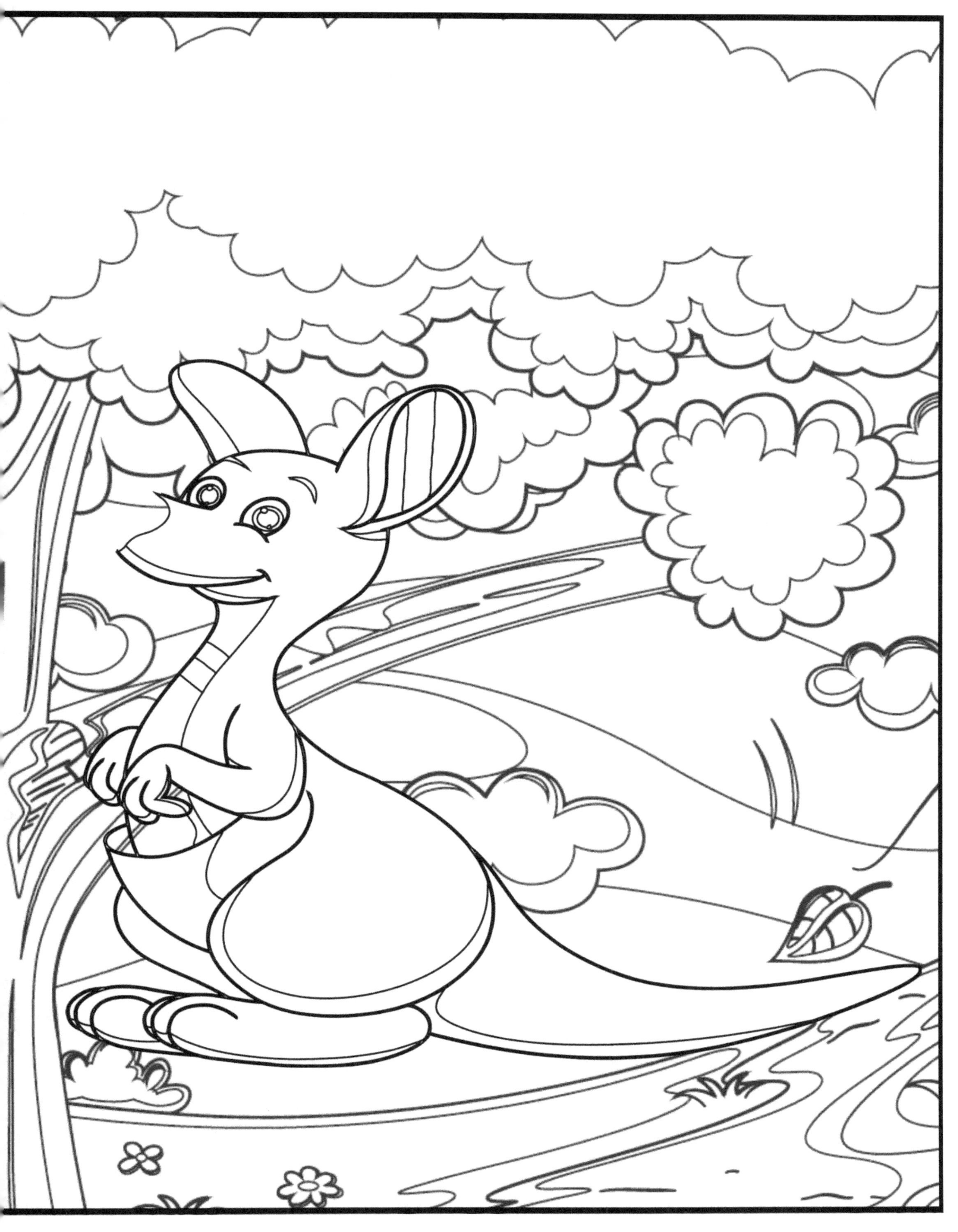

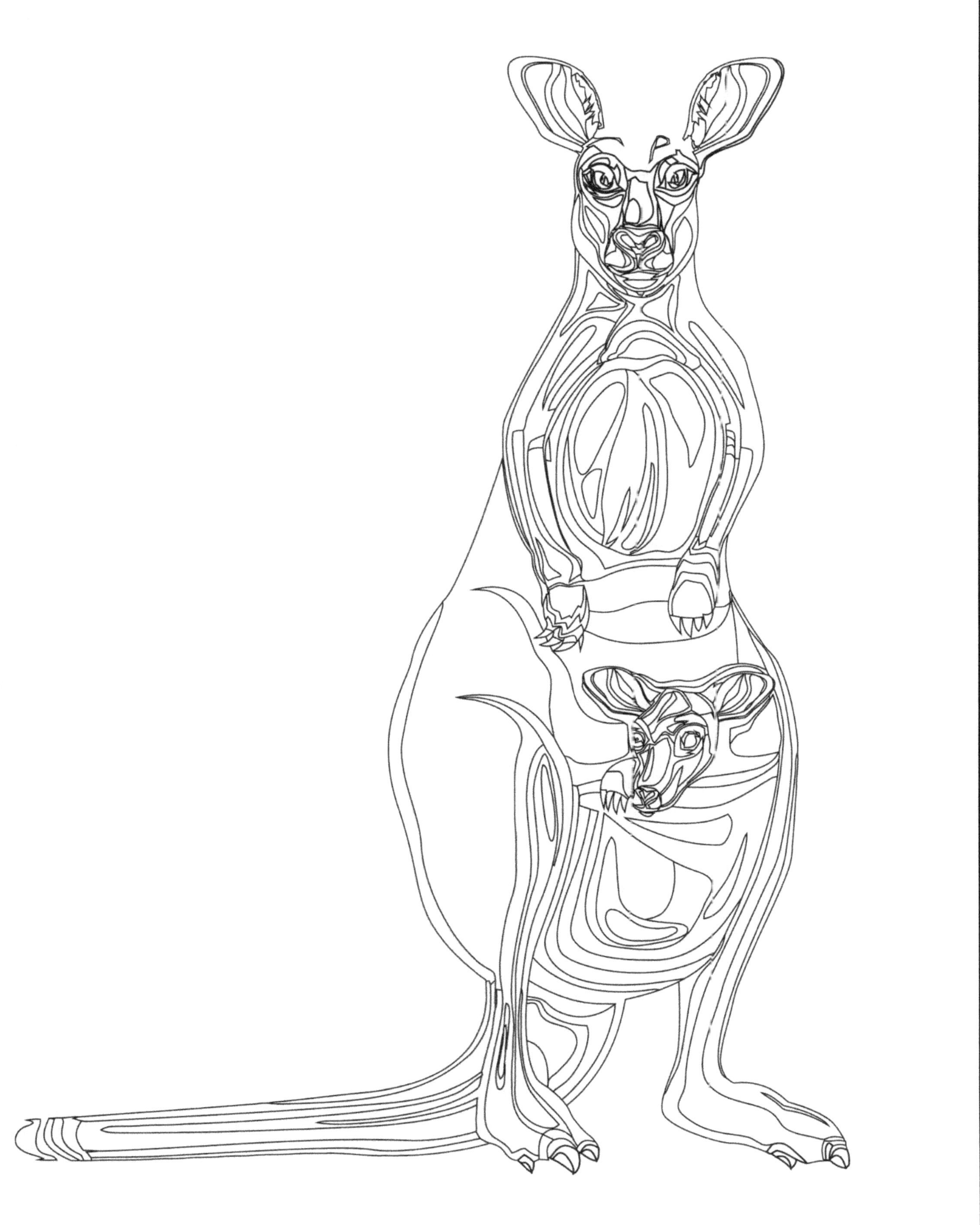

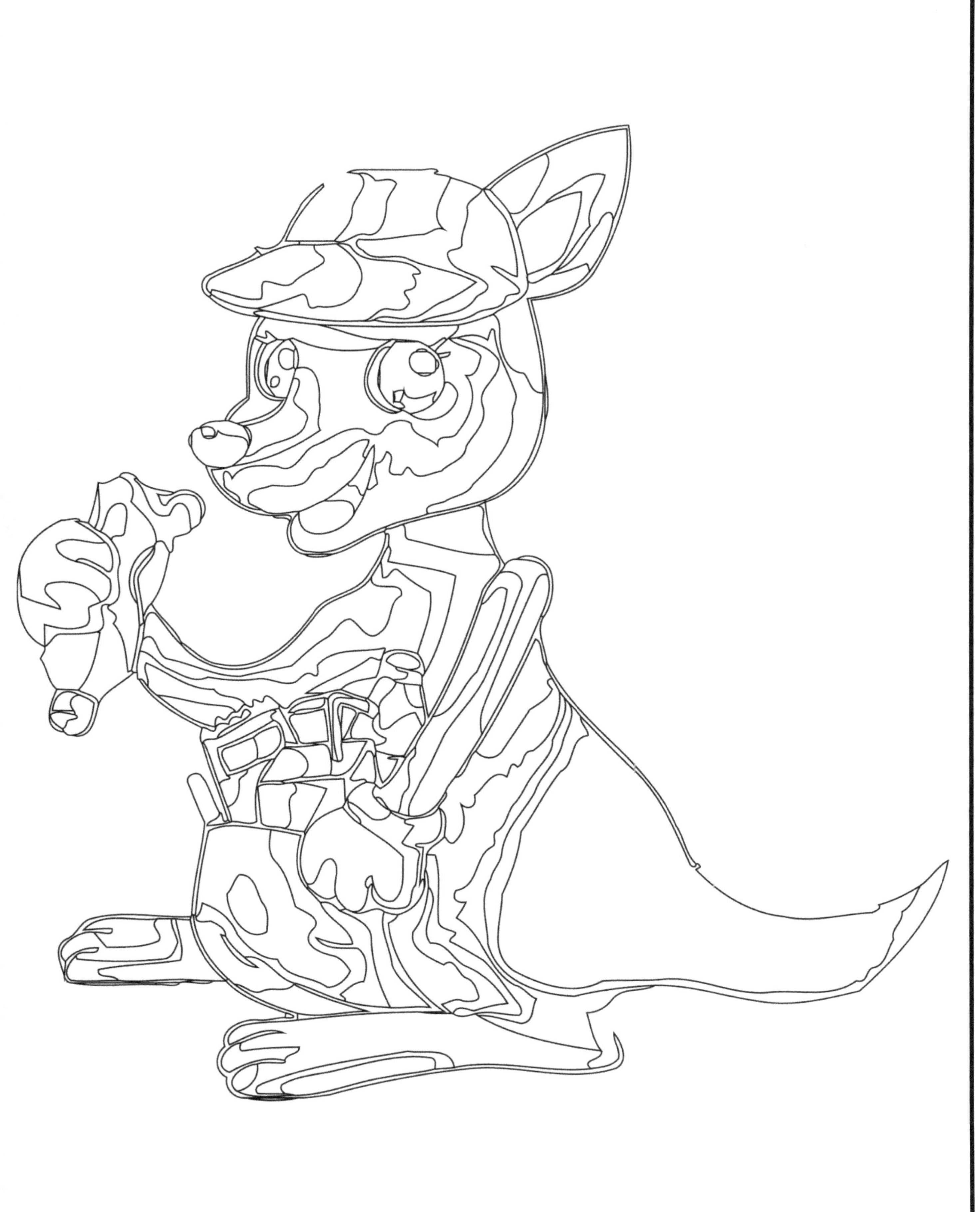

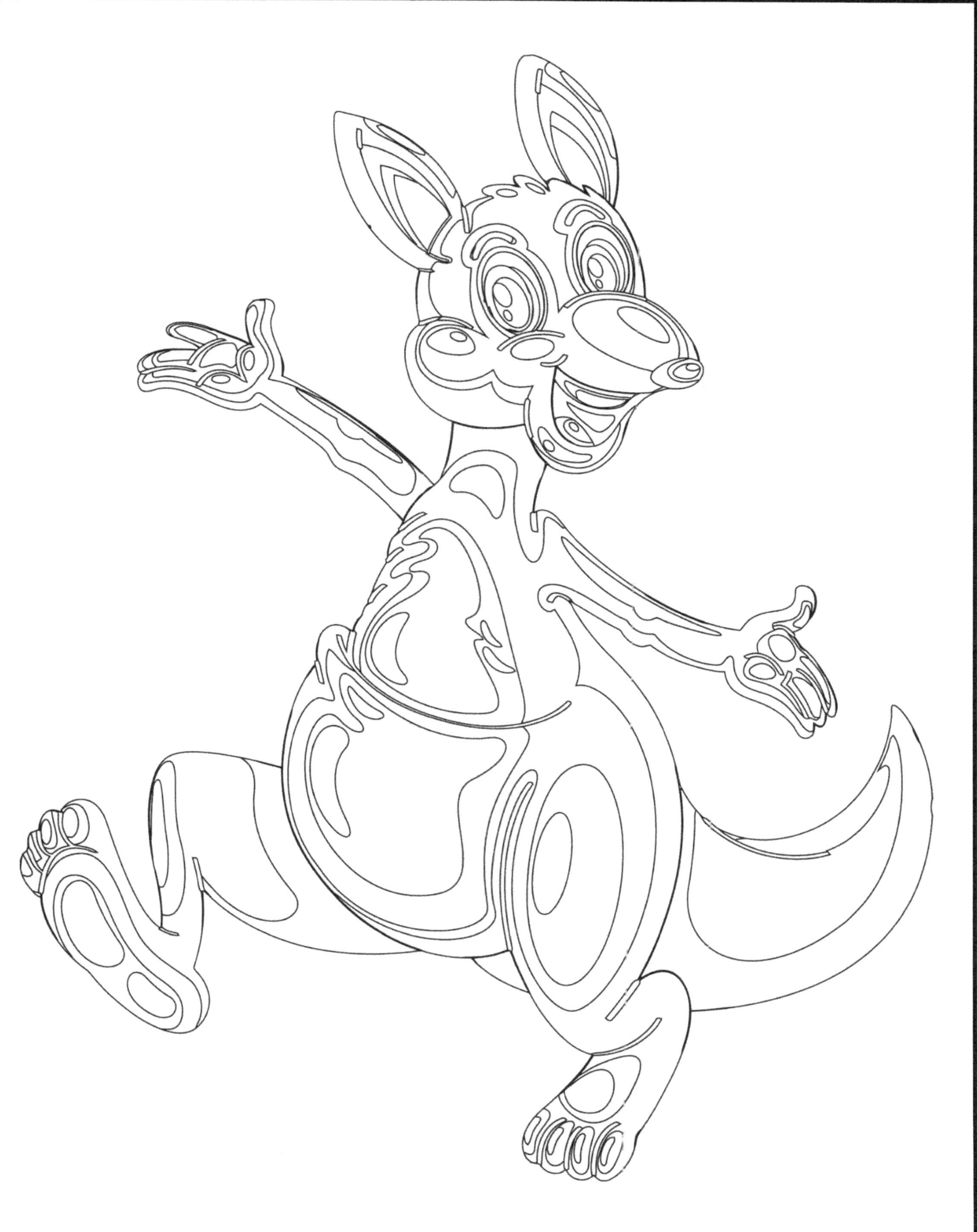

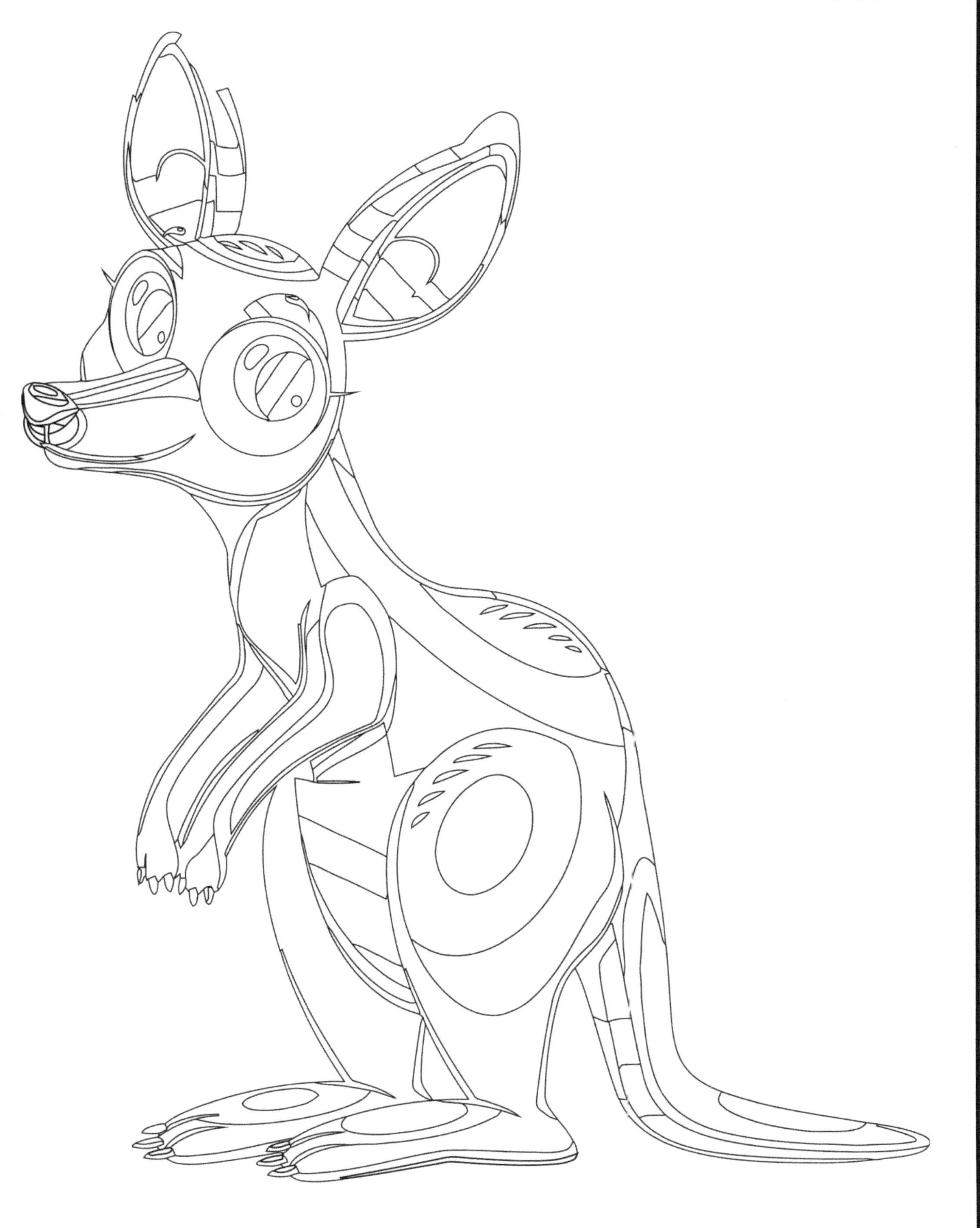

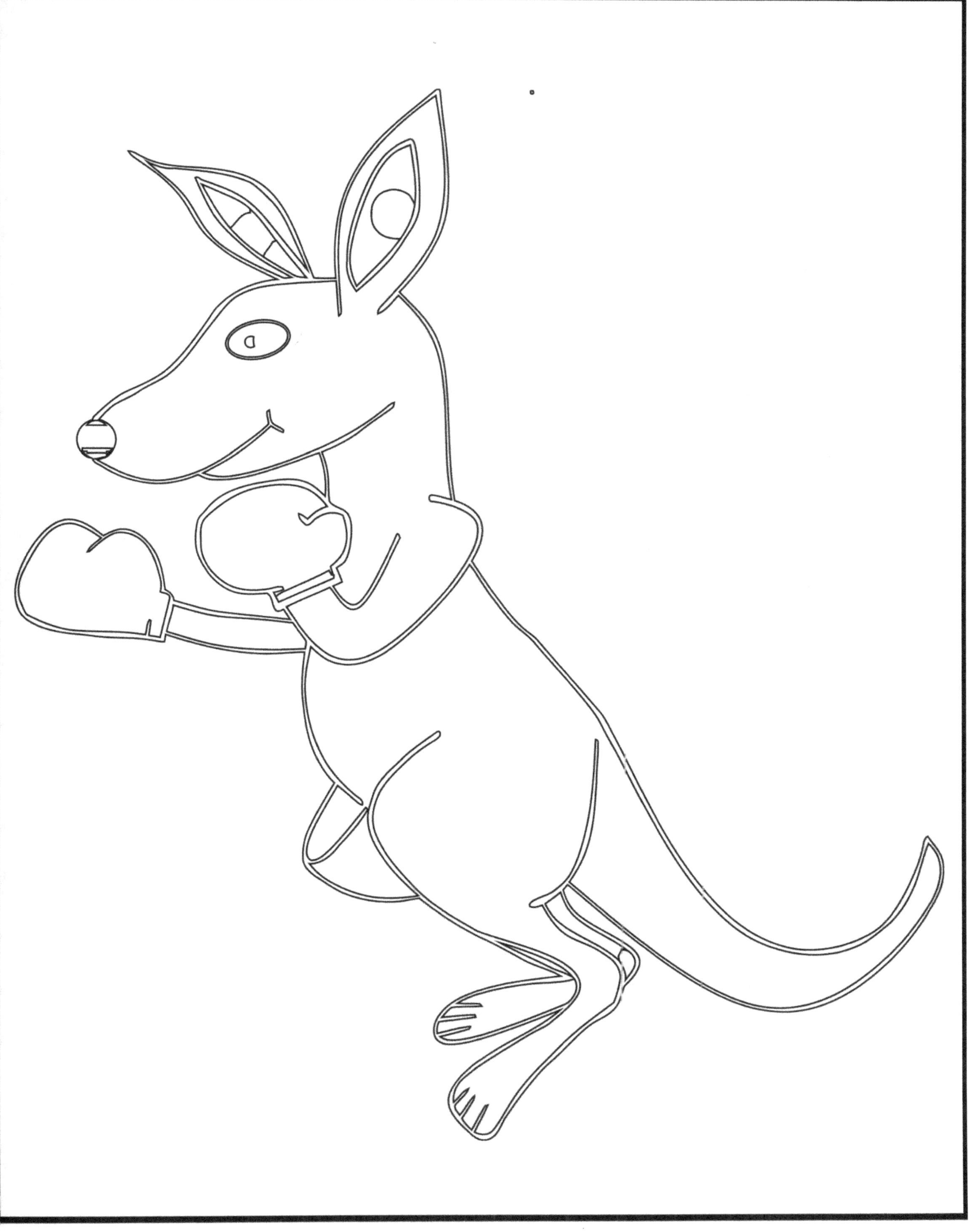

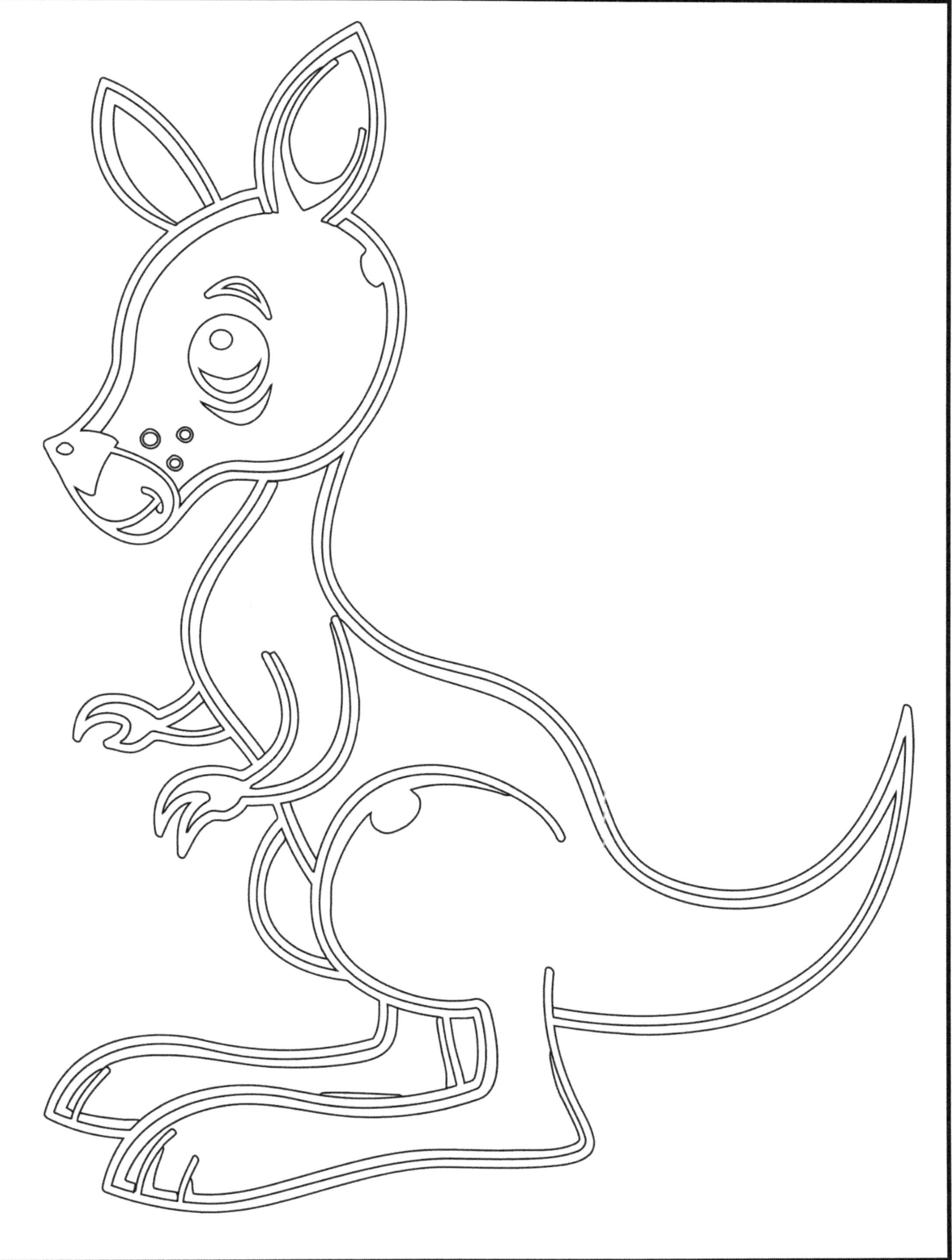

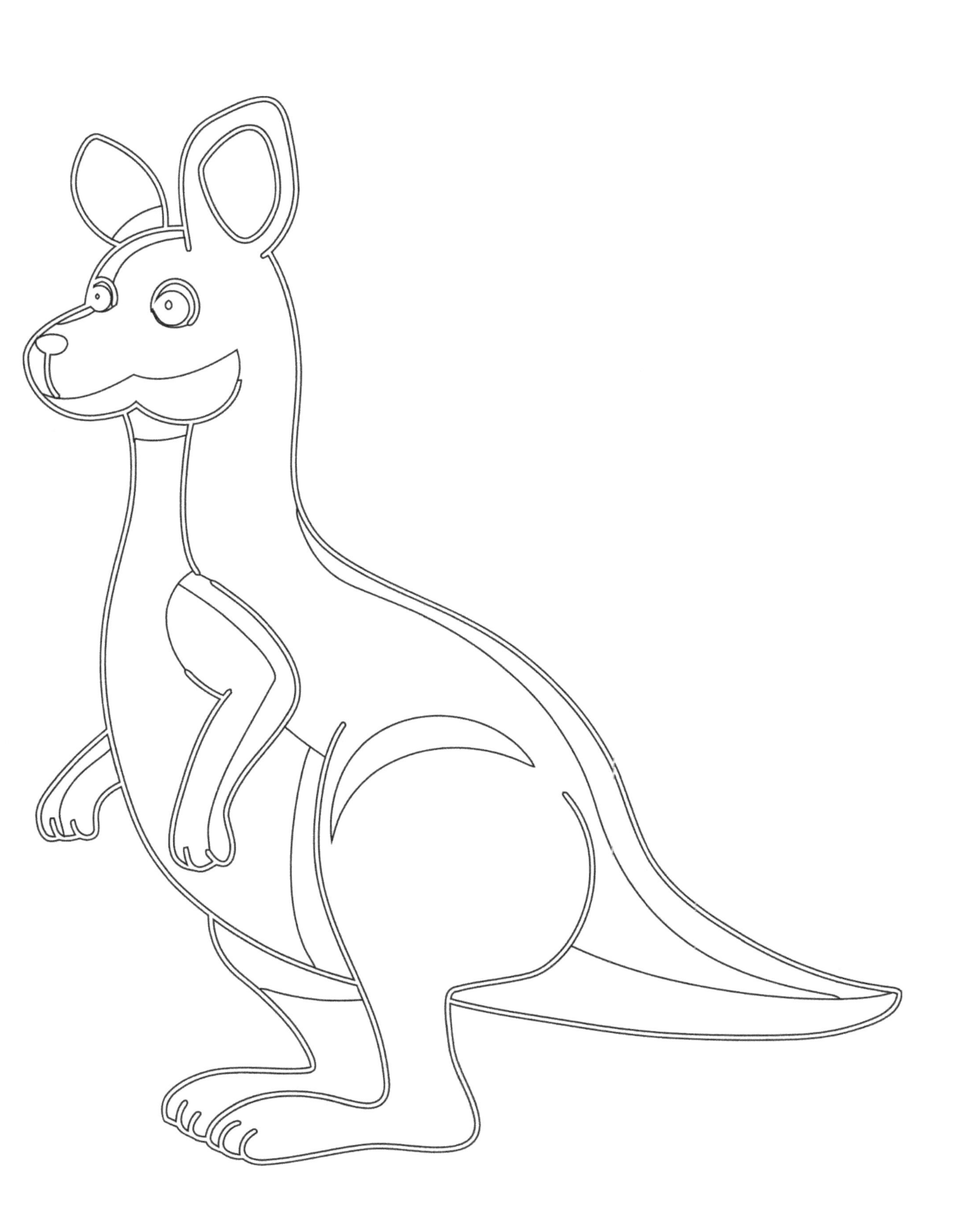

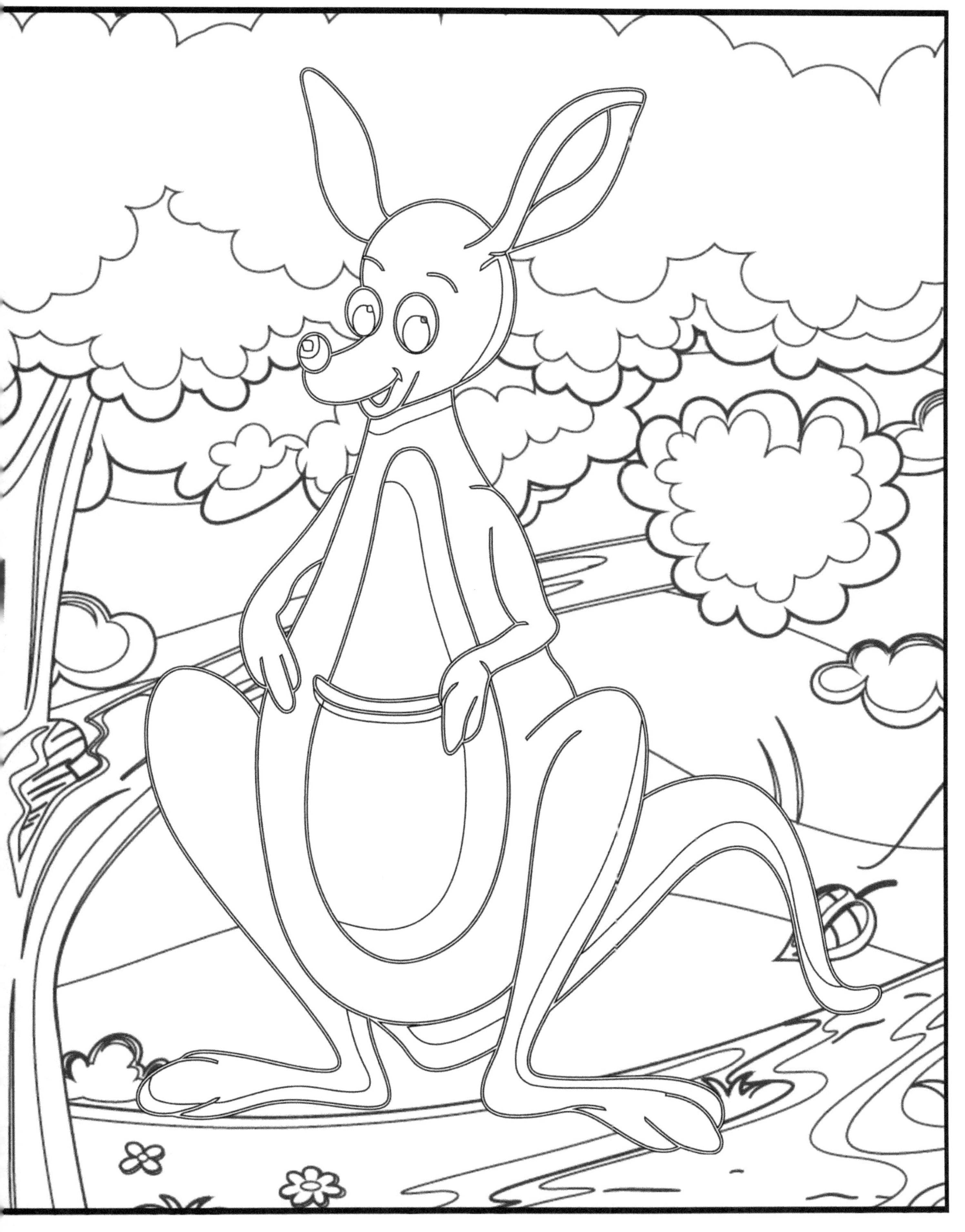

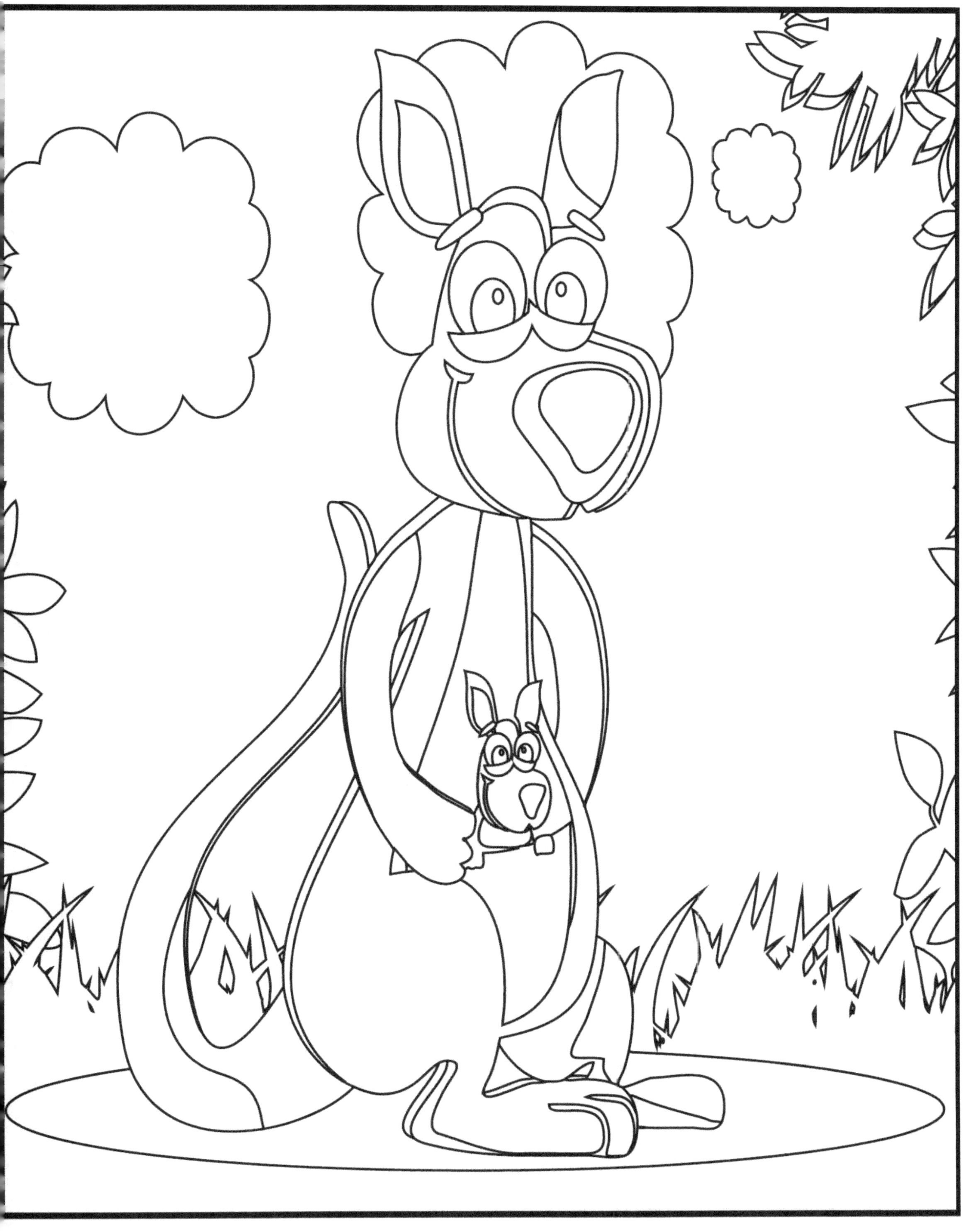

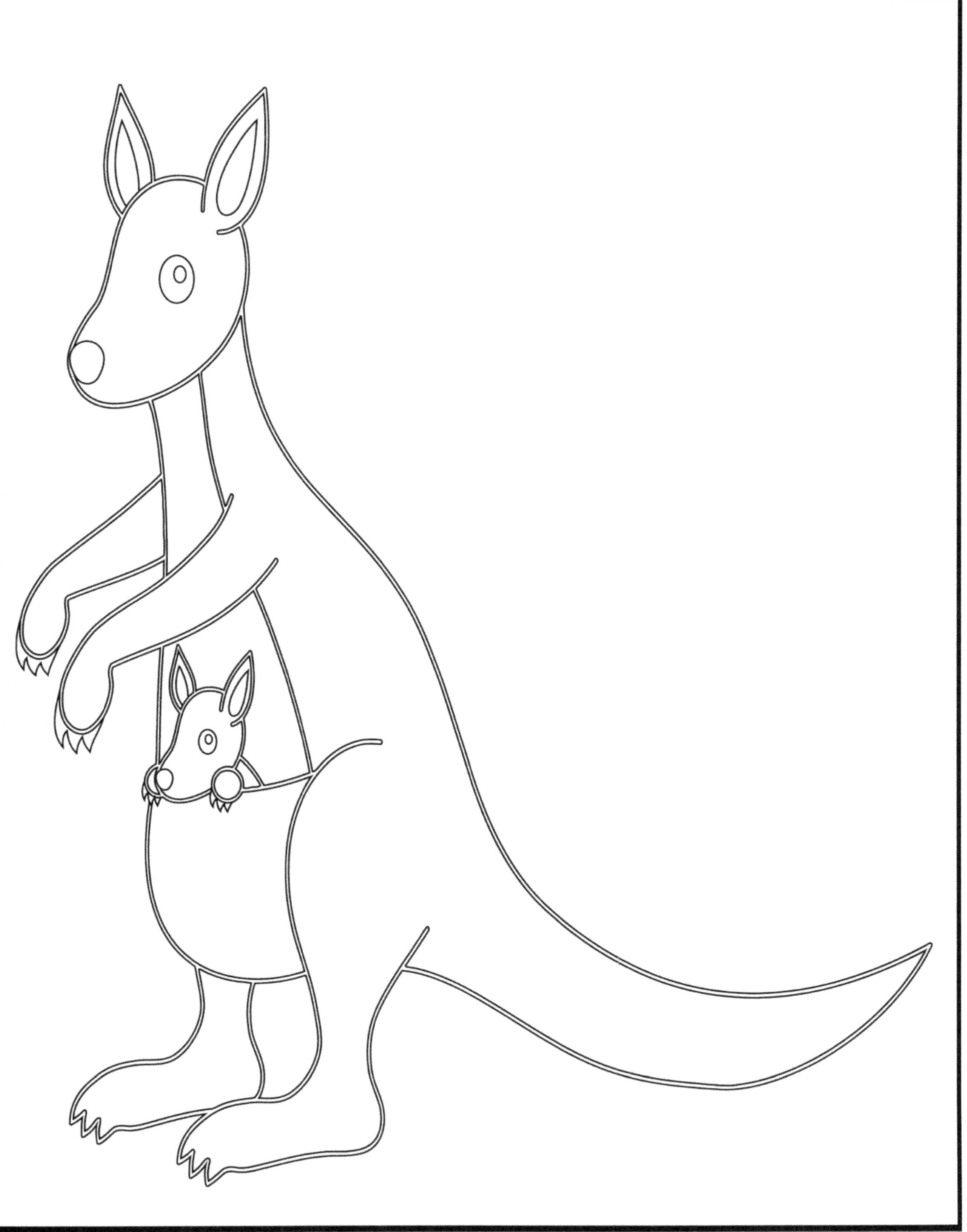

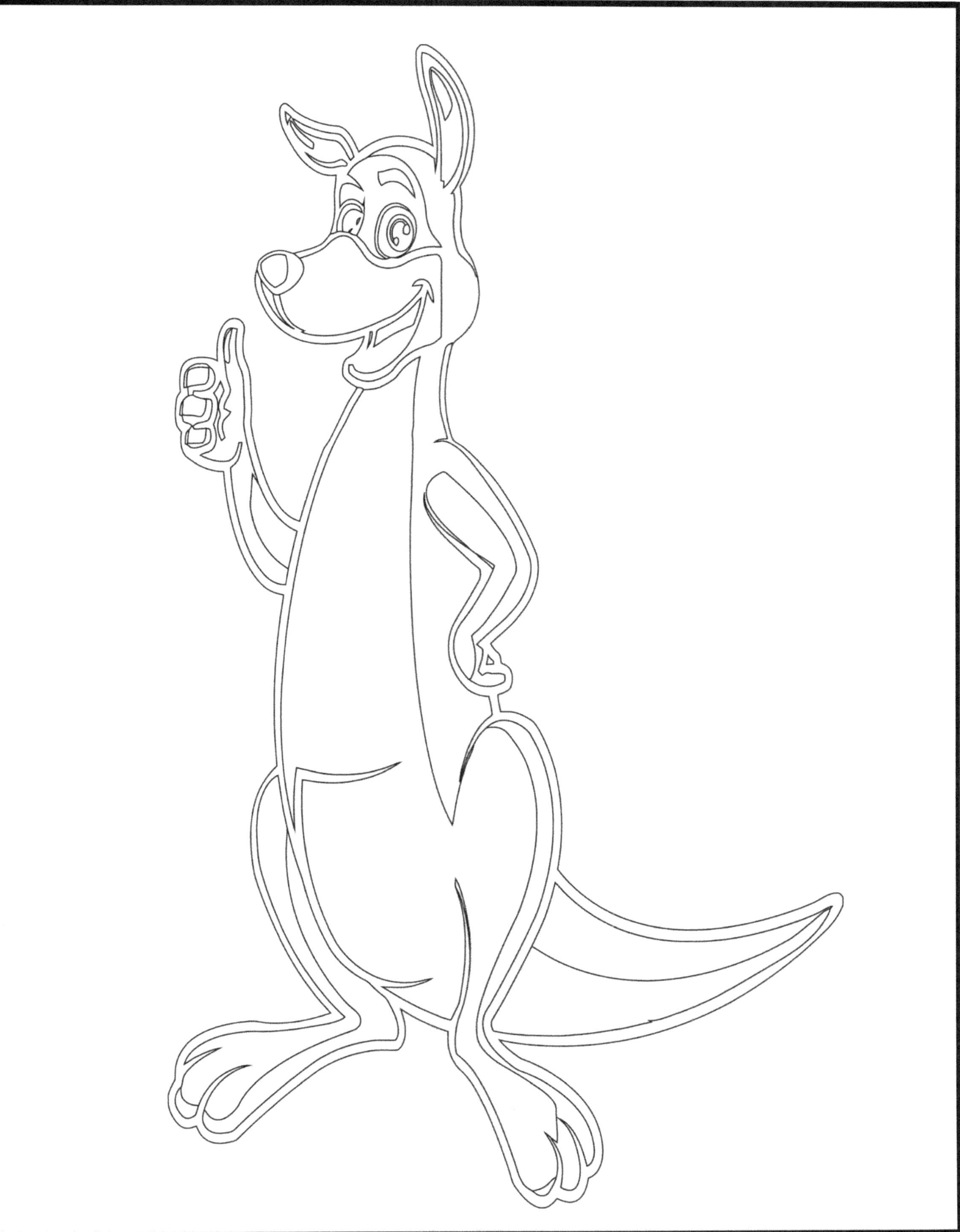

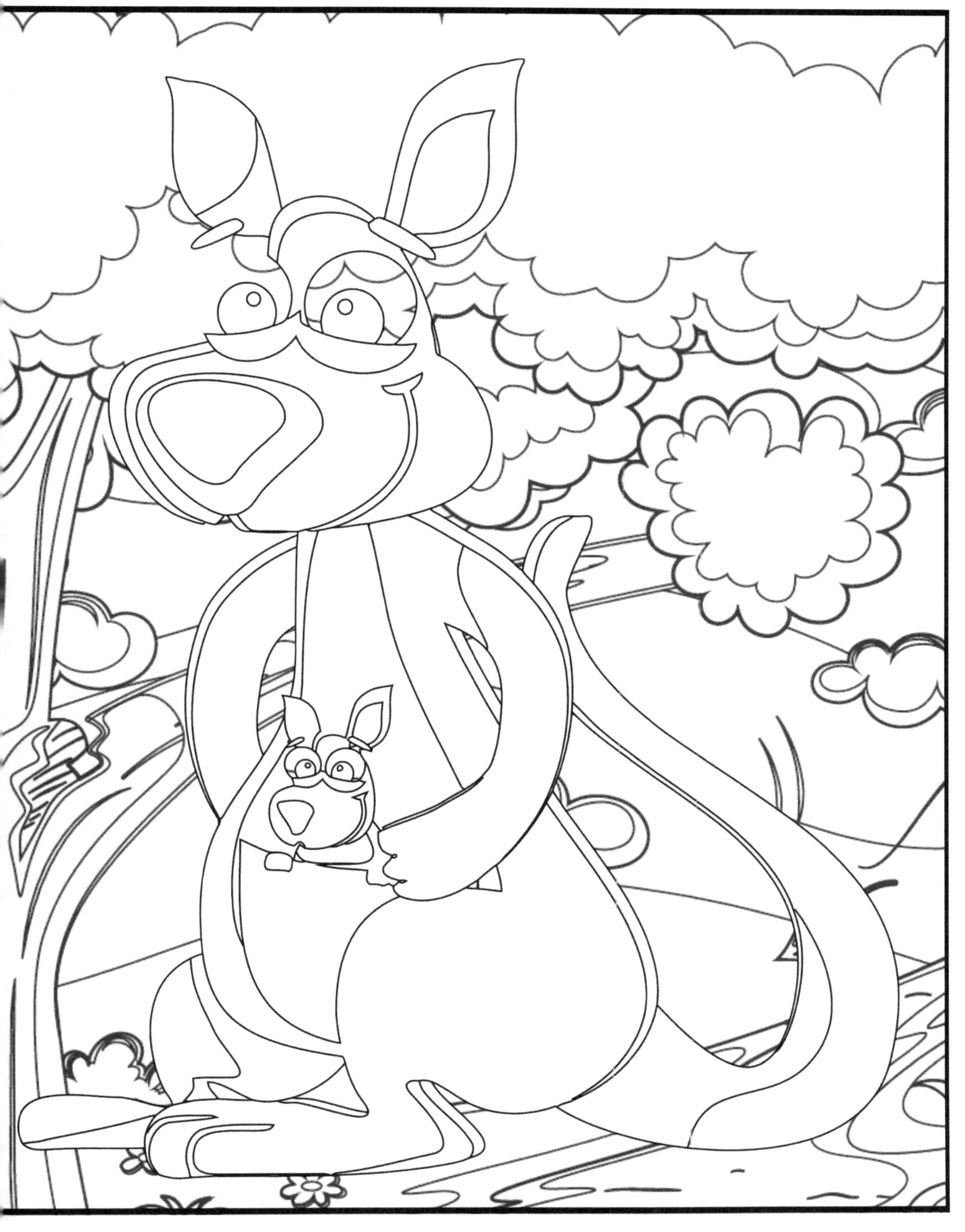

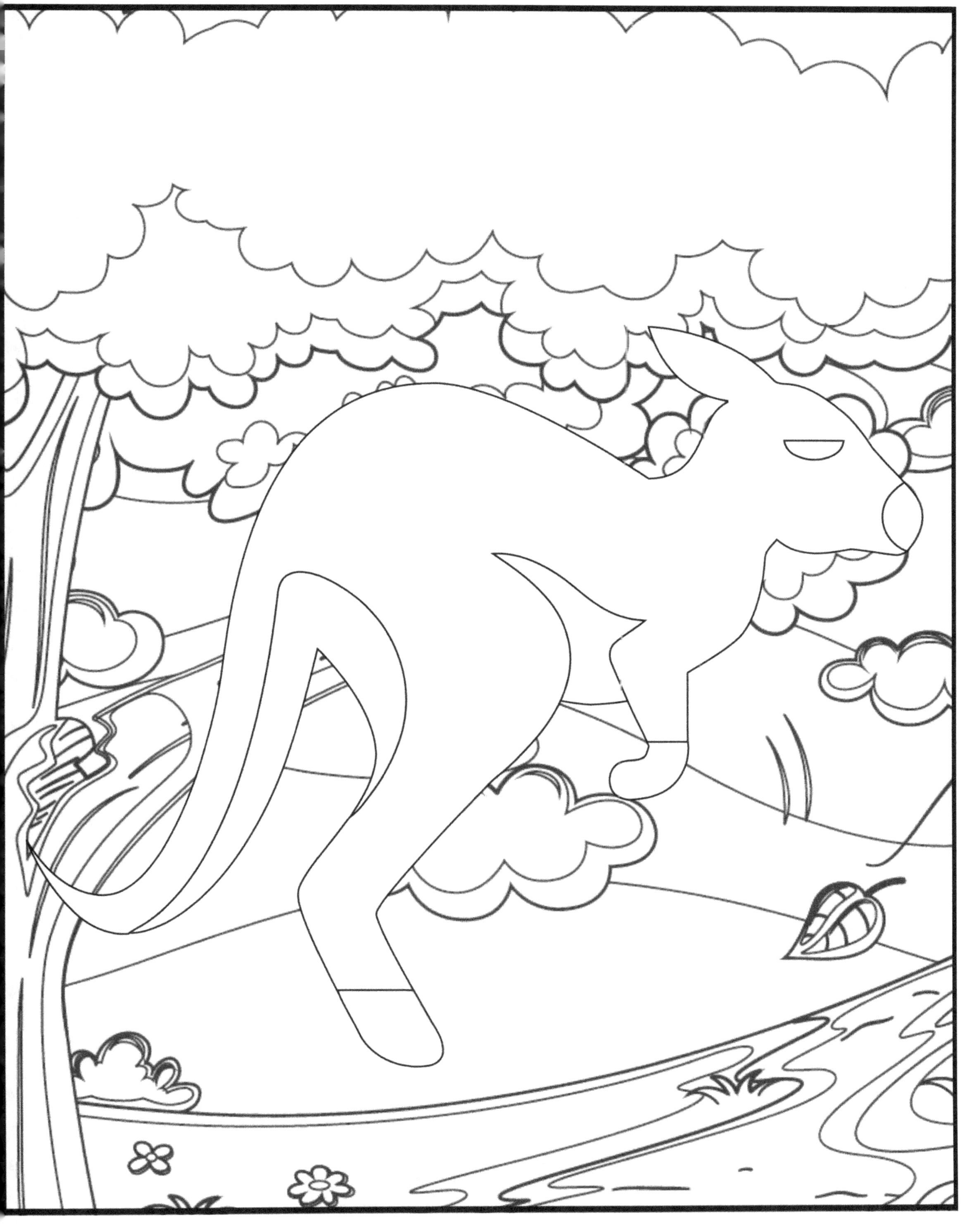

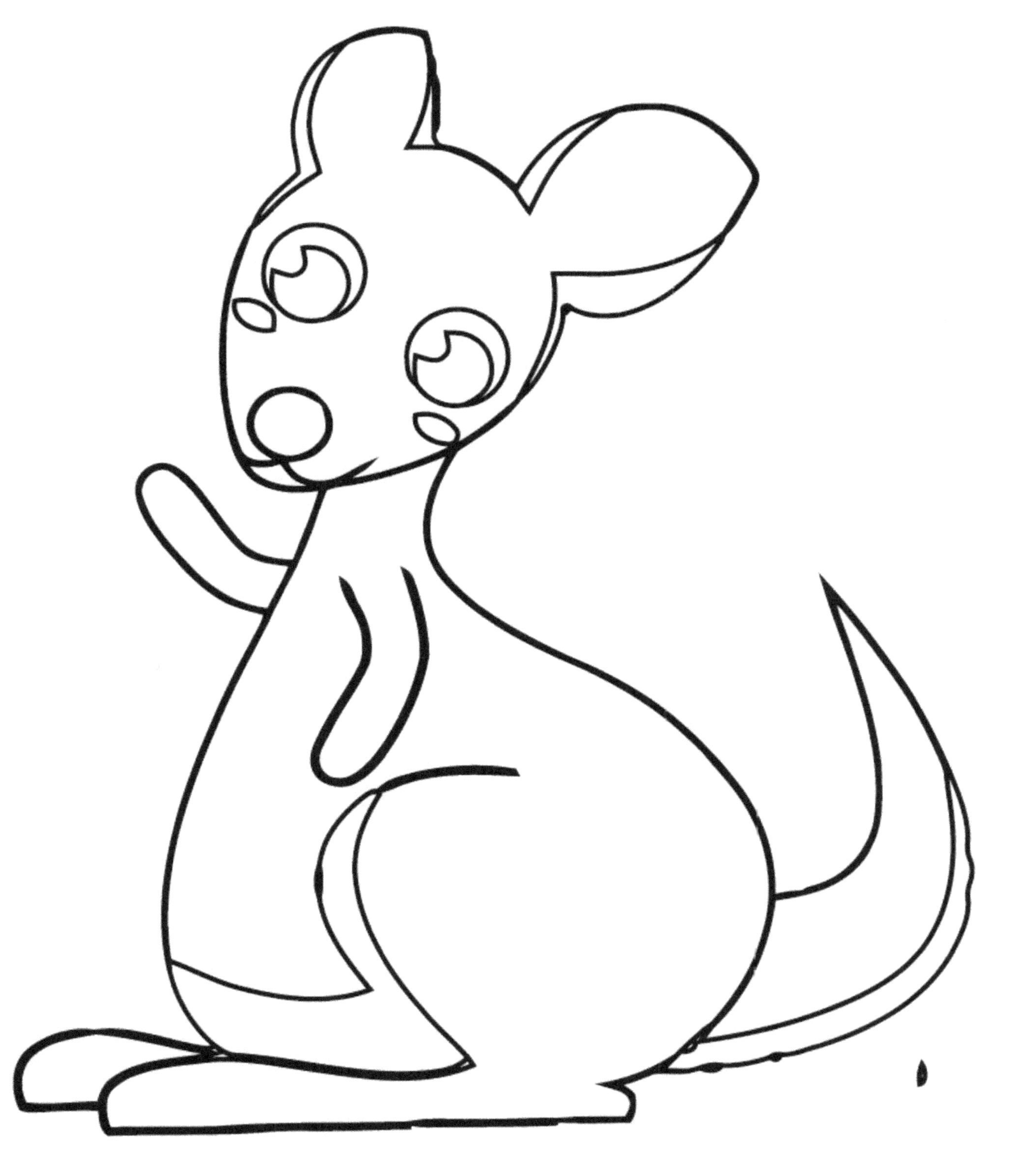

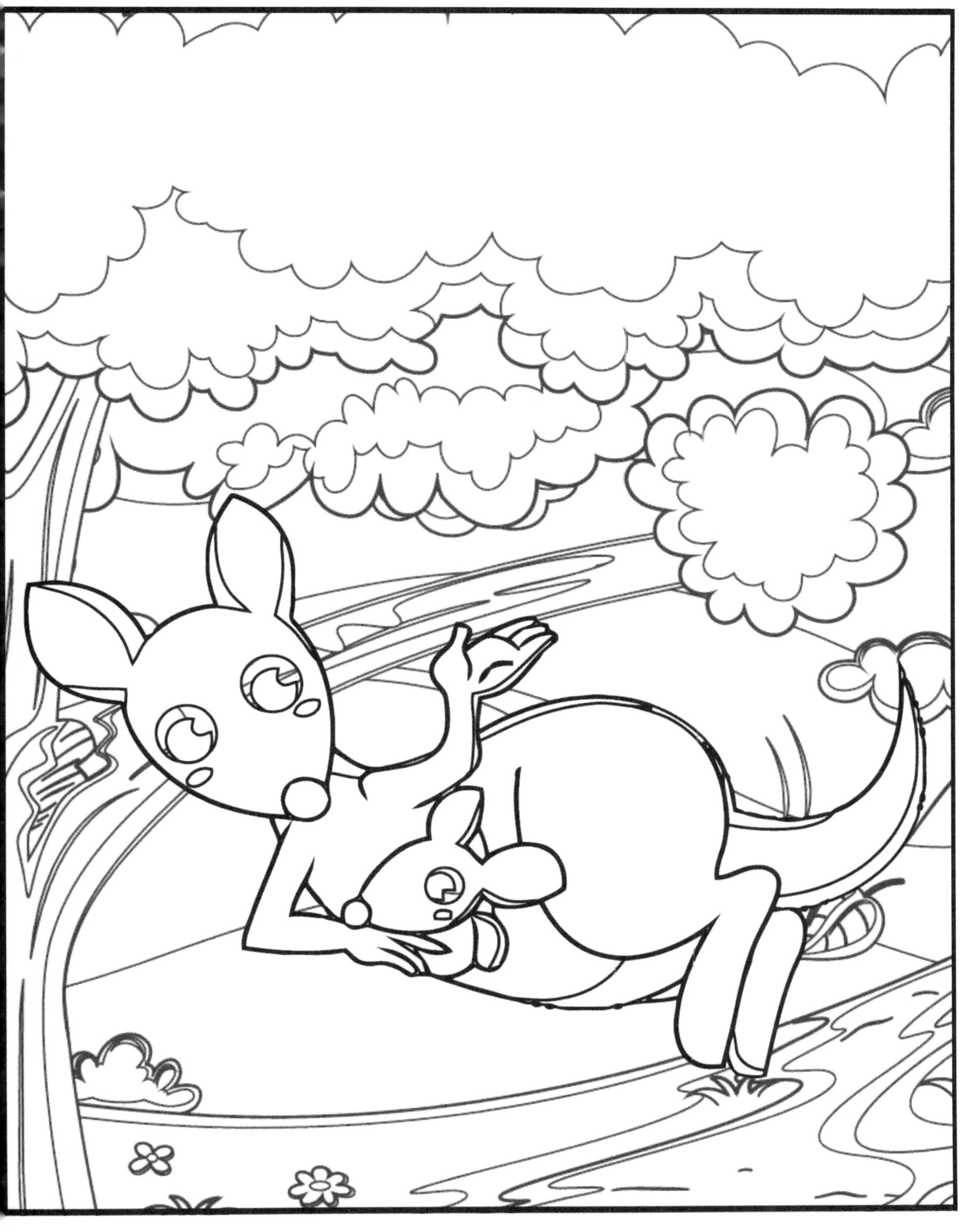

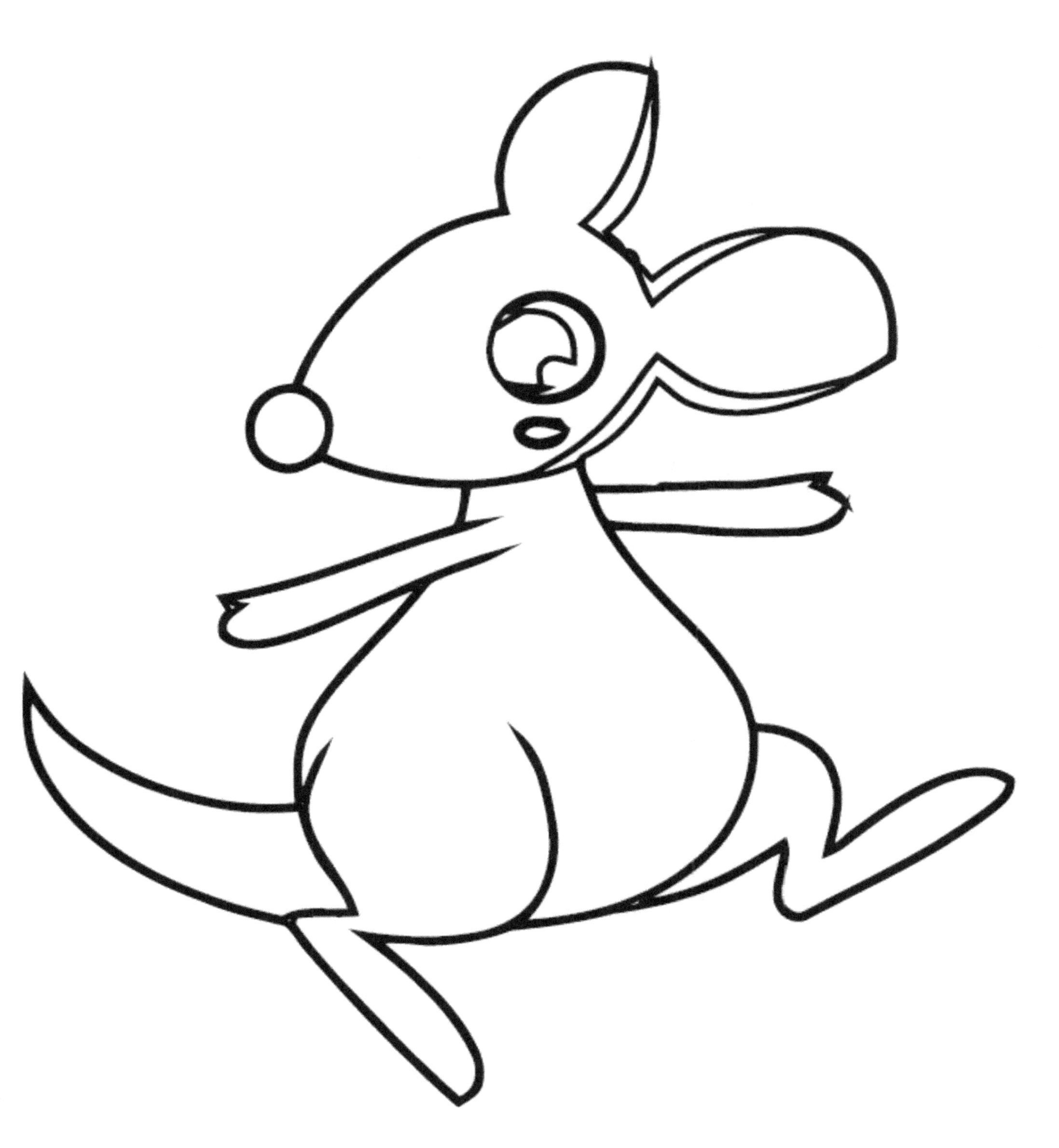

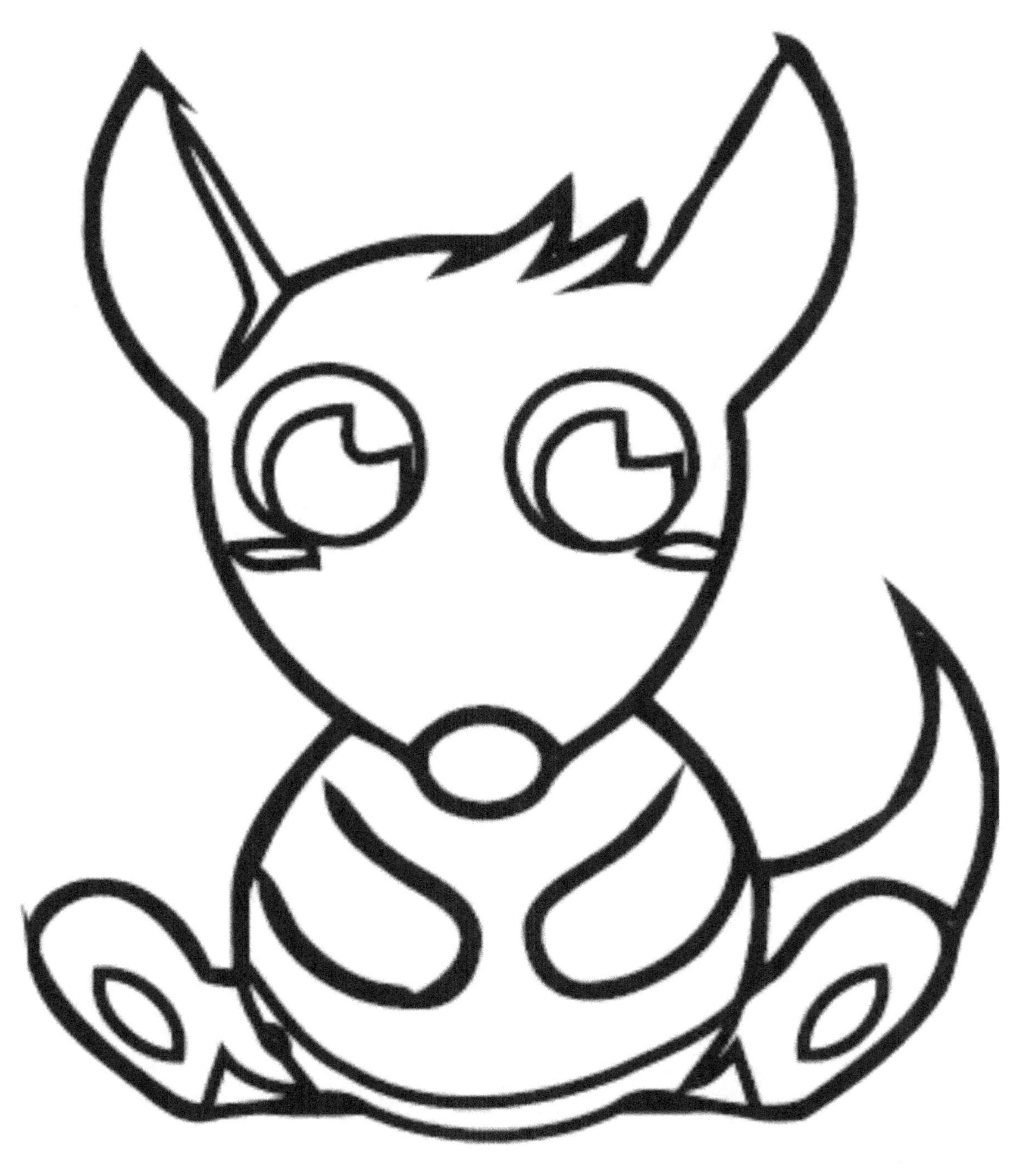

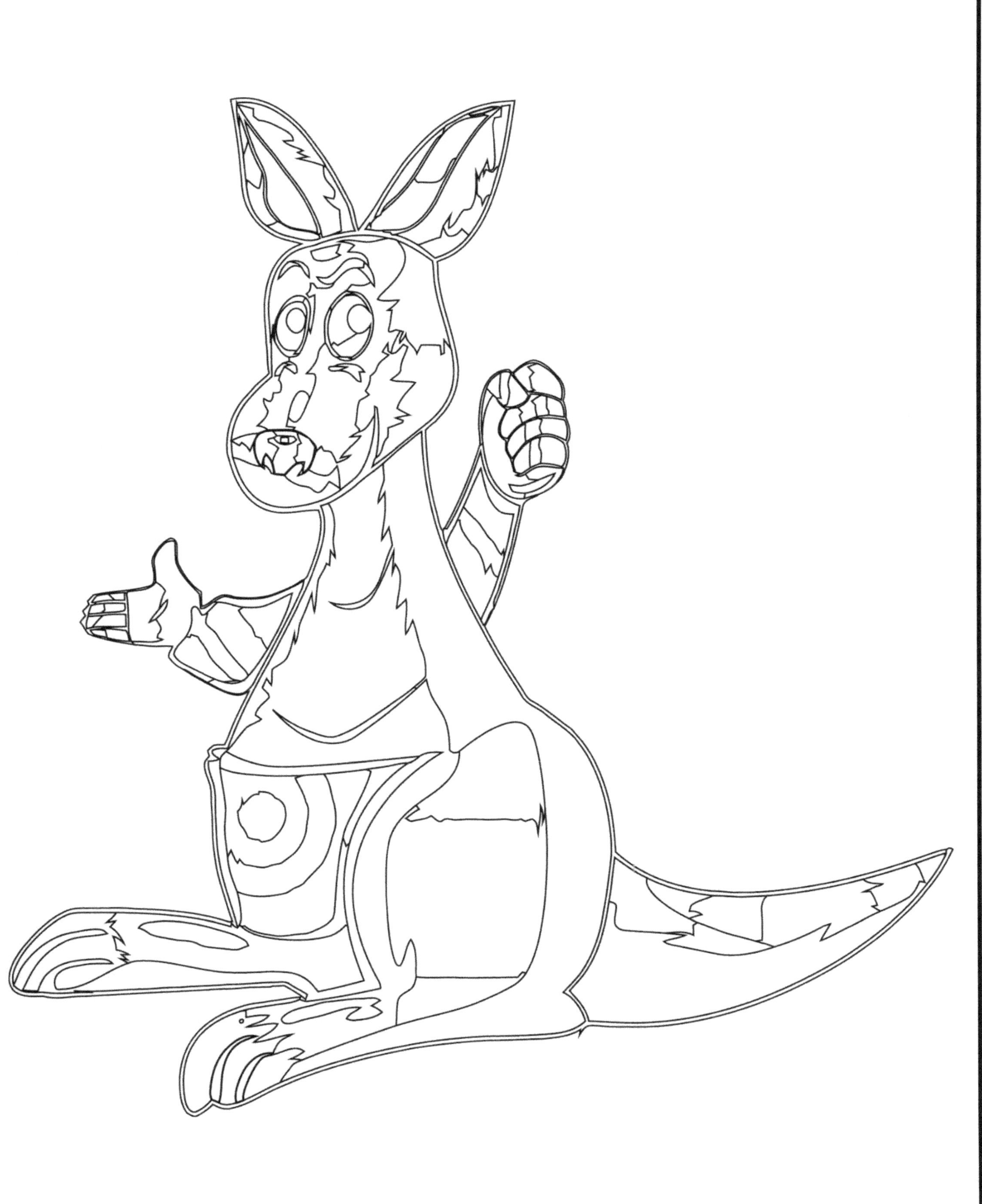

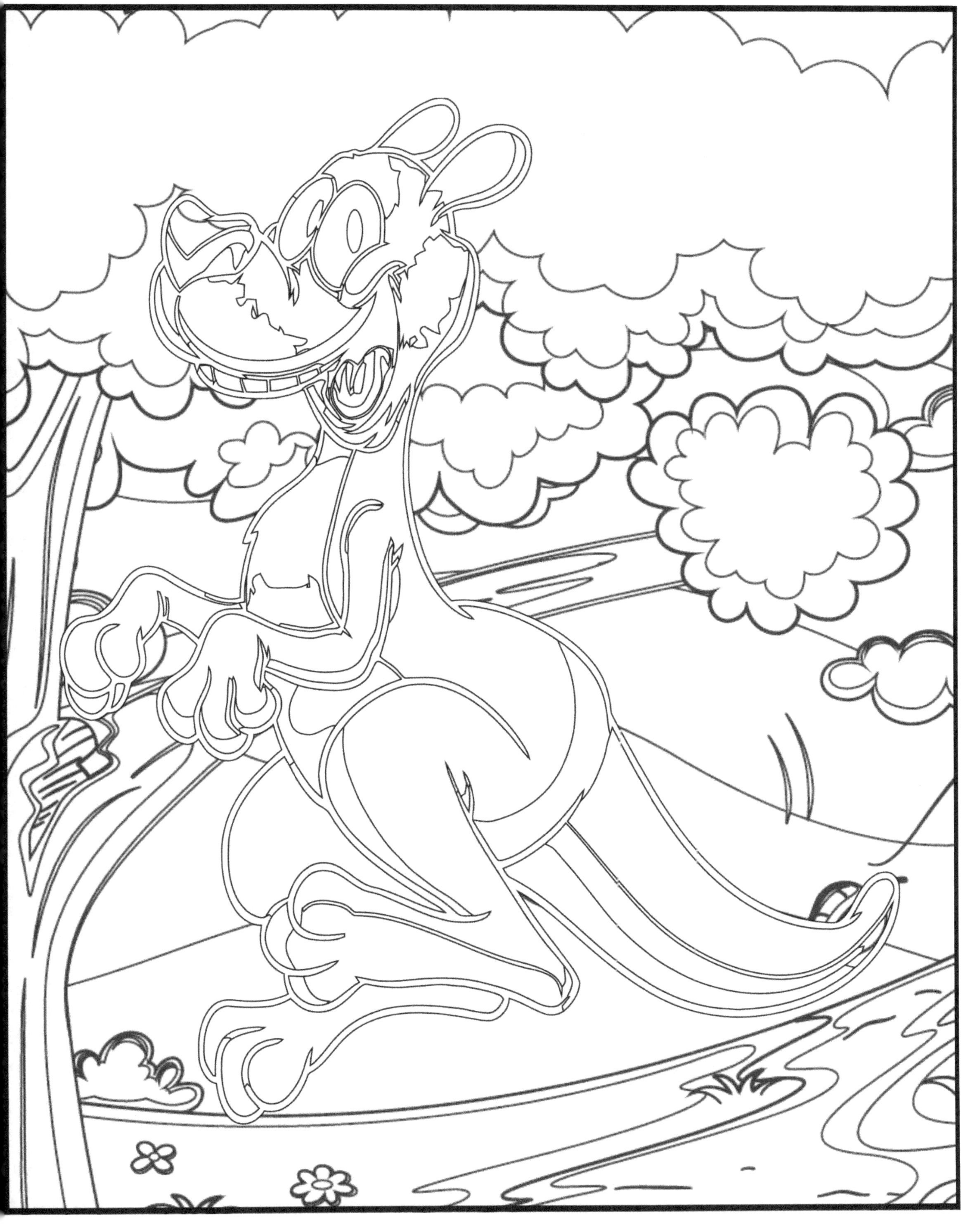

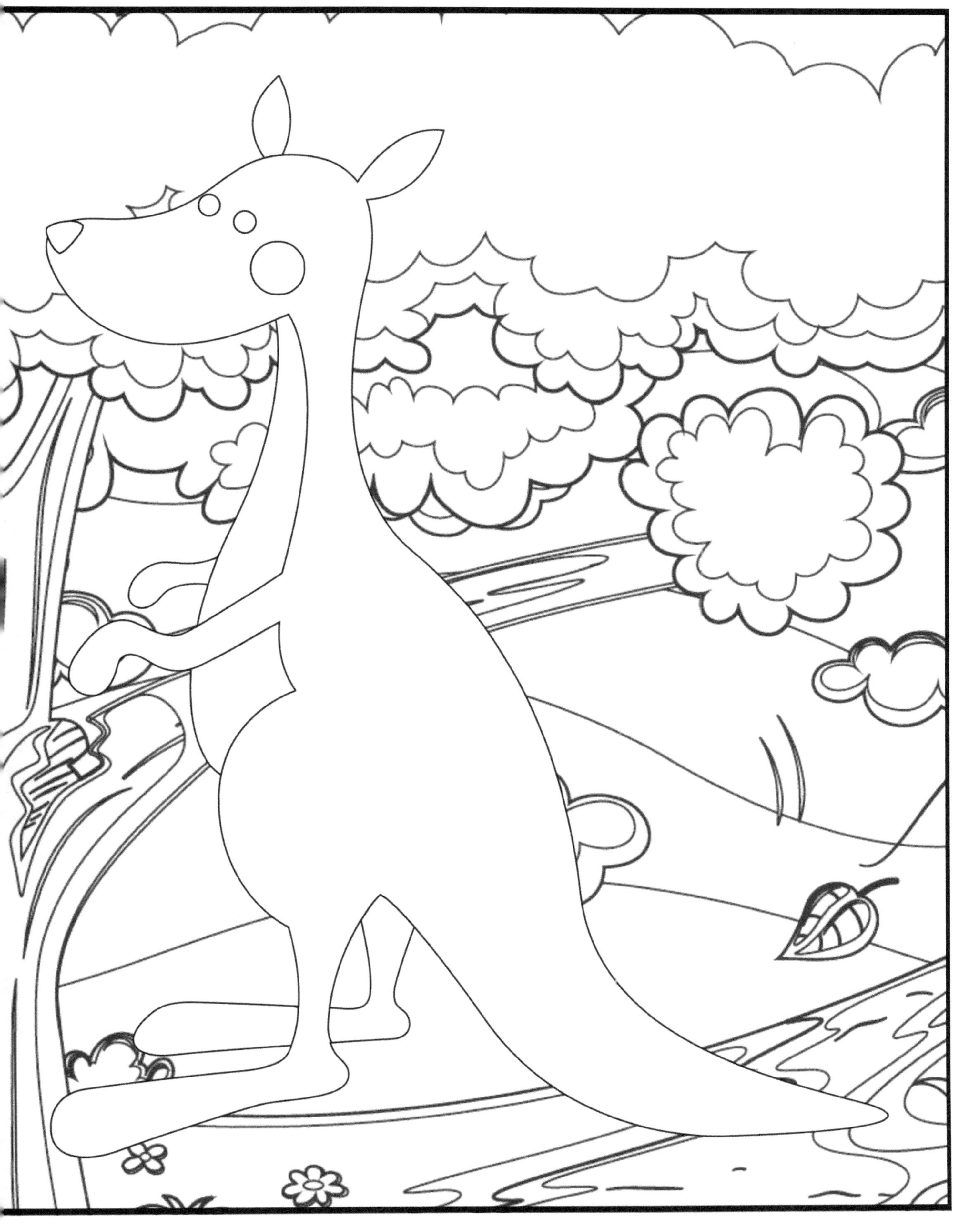

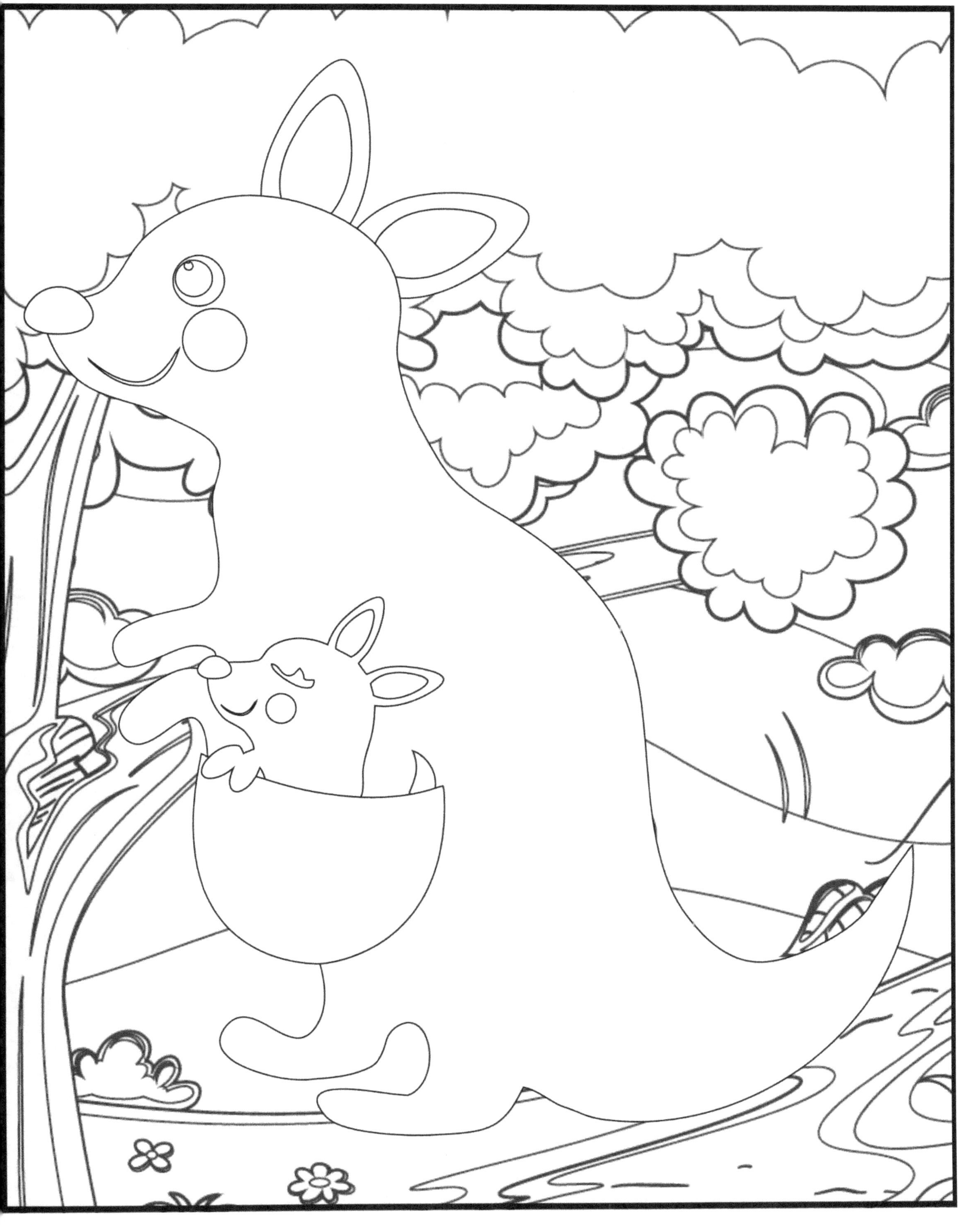

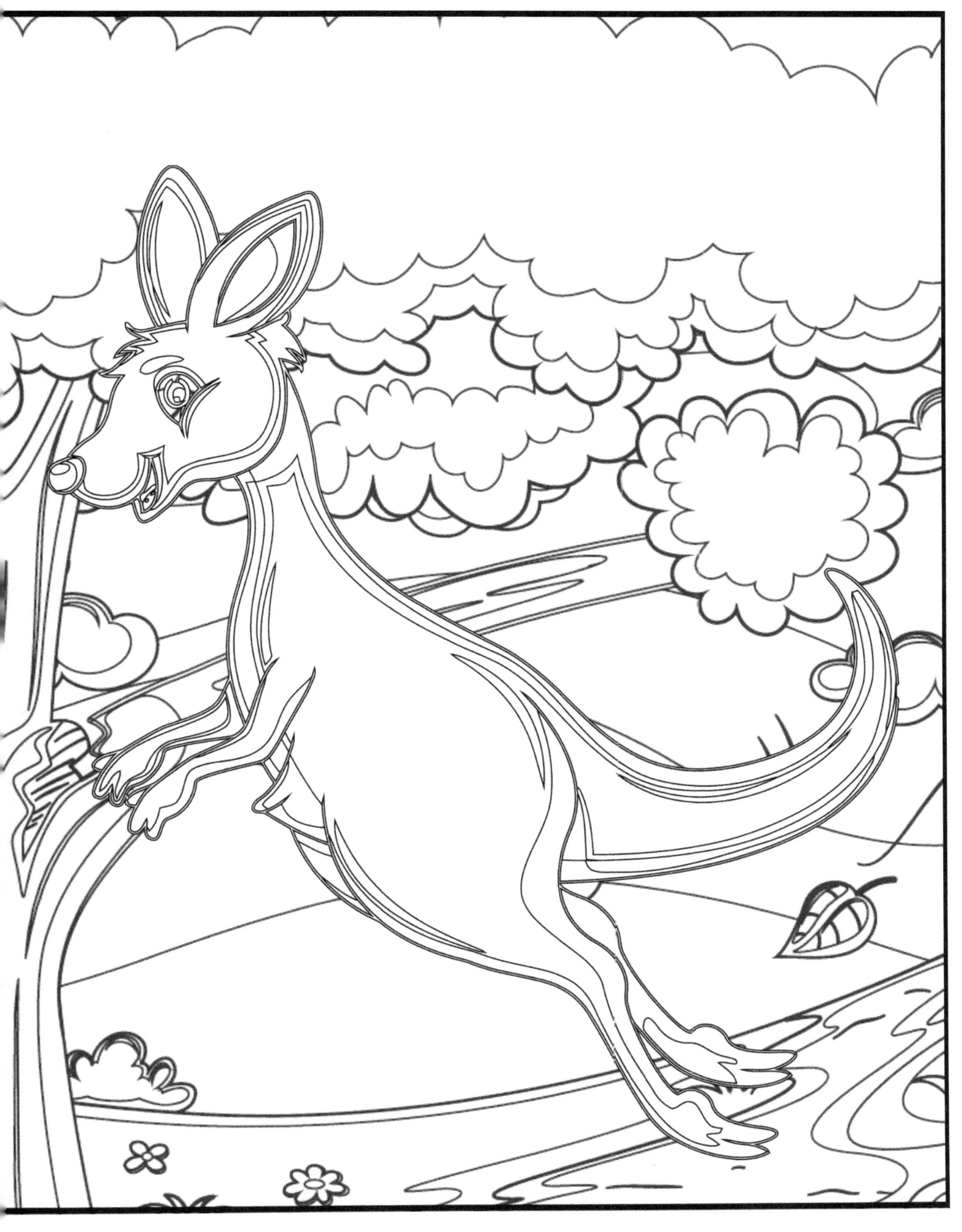